万方乐奏有于阗

中国式现代化视野与和田服装产业发展研究

吴小军 主编

中国纺织出版社有限公司

内 容 提 要

本书是学界第一部深入研究中国式现代化和田实践的著作，分为上、下两篇，共11个创新研究主题。研究团队以中国式现代化理论为指导，在田野调查的基础上，聚焦和田传统服装产业发展，在我国西部绿洲区域传统服装产业环境、地理禀赋、民族服饰等多个方面开展学术探索，完成了一系列颇具特色和价值的研究报告，对于新时代和田纺织服装产业现代化发展有很强的实践指导性，也具有较高的学术参考价值。

本书内容翔实丰富，针对性强，可以为关心新疆纺织服装产业发展的业界人士提供参考资料和研究素材，以资借鉴。

图书在版编目（CIP）数据

万方乐奏有于阗：中国式现代化视野与和田服装产业发展研究 / 吴小军主编． -- 北京：中国纺织出版社有限公司，2024.3
ISBN 978-7-5229-1495-4

Ⅰ．①万… Ⅱ．①吴… Ⅲ．①服装工业－产业发展－研究－和田地区　Ⅳ．①F426.86

中国国家版本馆 CIP 数据核字（2024）第 039681 号

责任编辑：施　琦　张晓芳　　责任校对：高　涵
责任印制：王艳丽

中国纺织出版社有限公司出版发行
地址：北京市朝阳区百子湾东里 A407 号楼　邮政编码：100124
销售电话：010—67004422　传真：010—87155801
http://www.c-textilep.com
中国纺织出版社天猫旗舰店
官方微博 http://weibo.com/2119887771
北京华联印刷有限公司印刷　各地新华书店经销
2024 年 3 月第 1 版第 1 次印刷
开本：710×1000　1/16　印张：14.25
字数：192 千字　定价：88.00 元

凡购本书，如有缺页、倒页、脱页，由本社图书营销中心调换

本书为

北京时装周"中国式现代化的西部实践：

和田纺织服装产业研究与设计创新项目"

成果之一

序 PREFACE

新中国的现代化进程有一个模仿、实践和创新发展的过程。从中华人民共和国成立初期的工业化建设规划，到"四个现代化"战略目标，从改革开放后邓小平提出"走自己的路""走出一条中国式的现代化道路"，到党的二十大对"中国式现代化"的全面阐述，中国式现代化在长期探索和实践中逐渐深化。中国共产党带领人民坚持把马克思主义基本原理同中国具体实际相结合、同中华优秀传统文化相结合，成功走出了一条既具有民族性，又具有世界性的富有活力的现代化新路，创造了中国经济快速发展和社会长期稳定的奇迹，也为广大发展中国家提供了富有示范性的现代化方案。党的二十大对中国式现代化理论的概括，是科学社会主义的最新重大成果，凝聚了中国人民发展探索、改革实践、理论创新的新成果，是中华民族走向伟大复兴进程中道路自信、理论自信、制度自信、文化自信的最好说明。

理论的科学性是国家发展和治理的基石。中国式现代化，要求立足中国提出新时代现代化的发展路径、基本原则和价值取向。中国式现代化是人口规模巨大的现代化、全体人民共同富裕的现代化、物质文明和精神文明相协调的现代化、人与自然和谐共生的现代化、走和平发展道路的现代化，是物质文明、政治文明、精神文明、社会文明、生态文明协调发展的现代化。中国式现代化是中国共产党领导的社会主义现代化，要满足人民日益增长的美好生活需要，要全面推进中华民族伟大复兴。中国式现代化，要在借鉴吸收人类文明发展成果的同时，立足中国实际，在实践基础上不断推进理论创新和实践创新。中国地域广阔，东西南北地理和生态环境差异巨大，产业发展要素禀赋多样，生产力发展不平衡，构成中国式现代化实践的特色，又成为中国式现代化的重要命题。

改革开放以来以我国东部沿海地区为先锋的产业发展，自模仿欧美发达国家现代化模式开始，取得了若干成功经验。但是对于纺织服装等产业，在技术上的进步不能掩盖发展经验上的试错成本。中国纺织服装产业进入国际产业分工、外向型生产的发展阶段后，也产生了依附性特征和环境破坏等问题。同时区域地理环境对于产业的约束、产业发展的阶段性问题必须重视和规避。因此国内包括纺织服装在内的产业内部调整和区域迁移、经济发展中东西部产能转移等至关重要的问题，就是产业结构、技术路径与经济要素的协调问题、产业布局与发展的环境友好问题，以及区域地理与产业模式、发展路径的匹配问题。这是在构建以国内大循环为主体、国内国际双循环相互促进的新发展格局背景下需要解决的科学性问题，也是现代化强国建设的要求。区域发展的科学性，关键在于区域产业的产能选择、生产方式、技术路径等发展模式的科学性。基于中国式现代化视野，对于我国西部地区新疆和田的产业发展研究，显得极具实践性和创新性。

长治久安，始终是和田绿洲发展的前提和保障。新疆和田，是古代著名的丝绸之路重镇，是我国典型沙漠绿洲地区，在经济地理上极具特殊地位，因而也可以作为新时代中国区域发展的典型案例。强调以中国式现代化主题引领绿洲地区纺织服装产业发展，很及时也很关键。和田的科学发展，是关系当前"一带一路"倡议、新疆各族人民美好生活的重要时代课题。以中国式现代化引领绿洲和田的产业发展，可以突出共同富裕的发展价值、人与自然和谐发展的基本要求，也是传承创新民族传统文化，实现经济、政治、文化、社会、生态文明协调发展的正确途径。因此，和田的产业发展必须立足区域实际，不能照抄东部和南方沿海地区的发展经验。同样地，在加快促进和援助西部产业发展中，不能仅以迁移东部企业，简单地增加工业产能，而要深入贯彻中国式现代化的核心要求，充分理解区域特色、经济要素、自然环境，科学评估西部绿洲的产业历史、发展条件，全面系统地规划发展目标、产业选择、技术路径，建设环境友好、人民满意、生态文明一体化的和田发展道路。

  本书源于和田服饰产业发展的课题研究。课题主持人吴小军在北京大学学习期间，主要从事科学社会主义和社会发展理论研究，到北京服装学院工作后，适应学科需要，又着力于服装史等领域的研究和教学，迄今已出版多部文化和艺术史类著作。学科转型的跨度和难度大，能取得这样的成绩，殊为难得。不变的是他对中国发展实践的关注和行行重行行的精神，所以他带着对中国式现代化区域特色的探求之心，多次带领课题组成员深入边疆基层，在扎实田野调查基础上完成了一系列颇具特色和价值的研究报告。本书也是学界第一部深入研究中国式现代化和田实践的著作。作为小军研究生阶段的导师，我有机会先睹为快，也乐于将这部著作推荐给读者。

孙代尧

2024 年春节于北京大学

前言

改革开放以来,中国深度参与世界经济一体化进程和国际产业分工,通过各种方式学习西方先进的技术和知识,全面发展现代化产业,形成了完善的工业体系。在改革开放以来的四十多年,中国的服装产业也在世界经济一体化的推动下加速变革,发展成为服装行业的"世界工厂"。但是,西方主导的工业化和现代化价值体系,也逐渐暴露其局限性。这种国际产业分工方式,对中国传统服装文化和传统服装产业的入侵与破坏也是显而易见的。随着服装产业的工业化进程发展,原有的"百花齐放"的各地区、各民族传统服装产业日渐式微。同时,服装工业的巨大产能和巨大出口量带来的还有自然环境的破坏、衣着审美的西化等相关问题。党的二十大报告阐明了中国式现代化的丰富内涵,中国式现代化发展,要在产业道路、价值取向、发展路径全面进行系统转变,是以人民为中心的中国道路,是绿色可持续的高质量增长,是环境友好的全面发展。中国式现代化道路的提出,不仅是理论的创新,也是新中国成立以来现代化实践的产物。

今日新疆的发展正日益成为党和国家关注的重点。习近平总书记指出,加快"一带一路"核心区建设,使新疆成为我国向西开放的桥头堡。新疆自贸试验区建设也正发挥区位优势,必将加快使"通道经济"转化为"产业经济"的发展步伐,新疆高质量发展的科学蓝图已经日益呈现。在今日中国产能潜力巨大的发展背景下,随着各地发展内在动力的增加,追求经济增长的积极性被空前调动起来,有投入、有政策、有需求,新疆的发展和经济增长指日可待。但新疆地域辽阔,各地(州、市)之间空间距离大,资源差异明显,各地(州、市)的未来发展仍要因地制宜,立足实际。

北京服装学院（以下简称北服）的和田服装产业研究工作开始于2022年下半年。和田服装产业研究是北京服装学院党委极为重视的一项工作。对于这一全新的学术领域，北服师生团队克服空间距离等困难，以极大的热情投入工作，在较短的时间里，出版了和田纺织服装产业、艾德莱斯设计创新、和田地区图案设计创新成果等主题的图书，举办了"和田是个好地方"服装和图案设计展，在中国服装类高校宣传了和田形象和艾德莱斯服饰文化，培育了艾德莱斯服饰文化的传承创新力量。北服2023届研究生毕业展上，首次出现了艾德莱斯文化主题的服装设计作品。

2023年7月，在北京时尚控股有限责任公司和北京时装周有限责任公司、北京市援疆和田指挥部的支持与指导下，北服团队以"中国式现代化的西部实践——和田服装发展研究与设计创新"为主题，围绕艾德莱斯产业研究、艾德莱斯染色、和田民族服饰（鞋帽）、和田地毯、和田玉服饰创新等项目方向，聚焦和田民族传统服饰，既有产业发展，又有文化解读、历史研究和实证观察，共完成11个专题报告。研究工作的顺利开展，与北服研究团队师生的努力和北京市援疆相关工作人员的热心支持密不可分。在此，我们特别感谢曾经或仍在参加北京市援疆和田工作的米佳、胡九龙、李岩、张磊、周鹏、吕会东，北京时尚控股有限责任公司的负天祥、赵哲、史秀洁、段澍湉，和田地区文旅局等单位的曾文峰、王超男、周能文、李鲲鹏，洛浦县艾合买提江，中国纺织建设规划院郭宏钧等诸位领导和专家的指导与帮助。

产业发展，研究和规划先行。基础研究对于区域发展的重要作用，在于其着眼未来的科学性调查，在于立足历史和地理的实事求是。因为历史地理原因，目前所见有关和田纺织服装产业的基础性研究尚不多见。北京和新疆尽管距离远，但随着交通的日益便利，空间距离感也逐渐压缩，首都与新疆的联系，正通过北京市对口援疆工作的展开更加密切。和田地处我国西部，与北京距离较远，本项目立项时间短，研究准备工作也比较仓促，工作节奏极为紧张。但更大的压力，来自和田以艾德莱斯为特色的服装产业发展关系着中华民族服饰文化的传承和创新，也关系着和田地区人民的就业与生活稳定，是中国式现代化在和田实践的重要内容。因此，我们希望更多人深入理解并开展对"中国式现代化和田实践"的学术研究，也希望更多的学术力量投入和田服装产业的现代化发展中来。

以毛泽东主席诗词名句"万方乐奏有于阗"作为和田研究成果的主题，既是对于中华人民共和国成立以来民族团结进步事业的敬意和回顾，突出和田人民在中国式现代化道路指引下加快发展的重要意义，也表达了我们对和田服装产业现代化转型、绿色发展的深切期待和良好祝愿。

编者

2023年12月

目录 CONTENTS

上 篇

中国式现代化的和田实践：作为沙漠绿洲物质生产方式的艾德莱斯产业发展研究
/吴小军/
-003-

人与自然和谐共生：和田艾德莱斯产业的中国式现代化实践研究
/李 靖/
-029-

和田艾德莱斯产业发展和文化传承的多维思考
/寻 梁/
-047-

艾德莱斯纹样的文化内涵与功能
/迪拉娜·扎克尔/
-065-

近代以来新疆艾德莱斯服饰的发展
/汪丽群、万 岚/
-085-

艾德莱斯染色、固色原理及工艺
/王建明/
-101-

下 篇

和田地区艾德莱斯产业营销方式创新路径研究
/王保鲁、王逸行/
-123-

中国式现代化视野下和田地毯的传承创新与产业发展
/吴小军、寻 梁、郭翌成、顾 卓/
-141-

新疆和田花帽实物测绘研究
/沈 飞、唐 硕、单刘艺、徐 岩/
-161-

以玉为饰：服饰用和田玉的历史与未来
/吴小军、周长华、李 则/
-179-

和田玉首饰在设计中的时尚化探索
/邹宁馨/
-195-

上篇

万方乐奏有于阗

中国式现代化视野与和田服装产业发展研究

中国式现代化的和田实践：作为沙漠绿洲物质生产方式的艾德莱斯产业发展研究

吴小军

和田艾德莱斯既是我国民族传统服饰的优秀代表，也是我国和田地区的特色绿洲产业的典型代表。因沙漠绿洲的特殊地理环境，艾德莱斯的生产从历史和实际上看，还具有以生存性生产为主、以商品性生产为辅的特征。其生存性生产特征，表现为其在区域内的自我满足和获得物质生产需要的产品。其商品性生产特征，表现为其生产数量限制和文化审美的传统性、民族性、区域性带来的区域化贸易特点。从历史地理的视野考察，艾德莱斯的商品性生产也属于生存性生产的组成部分，统一于沙漠绿洲以自给自足为主题的生产生活形态。

　　艾德莱斯产业同样是和田人民基于地理历史实践生存性发展的一部分，包括物质、文化、传统、环境等多方面生存性生产内容。因此，艾德莱斯产业的发展，必须立足和田绿洲历史地理禀赋❶，正确把握艾德莱斯集产业生态、文化生态、自然生态为一体的独特性，深入研究艾德莱斯产业包含的生存性生产属性，以中国式现代化理论为指导，立足人与自然和谐共生、可持续发展，立足和田安定团结、人民生活需要和社会稳定需要，将产业与环境保护、乡村振兴、区域发展实践结合起来，正确处理特殊地理环境下有限性发展与高质量发展的实践关系，积极开展政策、规划研究，通过技术、人才、政策等定向开发措施，推进艾德莱斯的全产业、全环节现代化转型，探索构建传统服装产业在中国式现代化发展实践中的"和田模式"。

一、和田艾德莱斯的历史与"特殊生态适应"❷生产属性

（一）和田桑蚕业的历史

　　和田为我国古丝绸之路的重要通道，在沙漠丝路南道独得蚕桑丝织之

---

❶ 吴小军，王保鲁，周长华：《历史地理禀赋与绿洲产业：和田纺织服装产业发展研究》，中国纺织出版社有限公司，2023年8月。

❷ 此处借用有关田研究的人类学考察范畴的学术用语，来表现和田地理环境下的生产方式的特殊性。见依丽米古丽·阿不力孜：《沙漠干旱地区的人类文化适应研究》，中国社会科学出版社，2016年7月，267页。

利，历史上为西域重镇之一。和田丝绸生产的历史，有明确考古依据的至少可以追溯到3世纪。

自公元前60年西汉设西域都护府伊始，经过中央长期的管理和大量的中原移民来到和田，中原文化和耕作方式持续进入和田绿洲开垦、发展经济，"本着男耕女织的传统，在合适的自然条件下（和田光热资源丰富，无霜期长，降水虽少，但有融雪灌溉，冬无严寒，且气候干燥、病虫害少，适于栽桑养蚕），把蚕种带来西域养育，是很符合情理也必然发生的事。"❶季羡林先生在《中国蚕丝输入印度问题的初步研究》一文中指出，"在古代西域，和阗是以产丝著名的，是最早从中国内地输入养蚕法的，养蚕而又能缫丝的恐怕只有和阗一国"。❷唐玄奘著《大唐西域记》，也多记和阗桑蚕业的发展和见闻，说明和阗丝绸彼时早已成为绿洲和丝路上的重要物产。玄奘所记"公主下嫁于阗、帽絮秘藏蚕种"的传说，实际情况可能是"民间传说具有积极意义和浪漫气息的特征"❸而已。

至宋代，《宋史》记（于阗）有"胡锦"生产及贡献中央。元代，战乱较多，史书很少提到和田蚕桑，然元朝政府也曾有在今新疆地区设专局造"纳石失"的记录。明永乐年间，"于阗始获休息"，而"桑麻黍禾，宛然中土"，说明了明代和田蚕桑业的发展情况。

清乾隆年间，和田丝绸业兴盛，开始织造艾德莱斯❹，目前所见的确切的艾德莱斯实物，也以乾隆年代为最早。清末光绪年间和民国时期，中央政府对南疆的蚕桑业发展始终十分重视，曾不断派遣官员，引入江浙蚕桑发达地区技术，大力扶持和田蚕桑丝绸生产的发展。

---

❶ 殷晴：《丝绸之路经济史研究（上册）》，兰州大学出版社，2012年1月，234页。
❷ 同❶，228页。
❸ 同❶。
❹ 侯世新，王博：《和田艾德莱斯》，苏州大学出版社，2011年12月，17页。

（二）蚕种问题与沙漠绿洲"特殊生态适应"生产

1."破茧"问题

和田蚕桑业的特殊之处，还在于古已有之的"破茧"缫丝。目前和田地域考古发现的蚕茧，皆为"破茧"形态❶。1980年，新疆维吾尔自治区博物馆、和田文管所联合考古队对尼雅（古精绝）遗址的发掘中，不仅发现桑植遗物，还采集到家蚕遗存实物。唯所发现的蚕茧，确认是蚕蛹破茧而出的形态。墨玉县库木拉巴特佛寺遗址考古也发现蚕茧"有蚕蛾咬破的痕迹"。以上考古发现，虽不能确定早在3世纪的汉代，和田蚕桑即以"破茧"为缫丝生产特点。但如果那时和田人民即以"破茧"缫丝，其原因当未必是玄奘《大唐西域记》所记的"人们信佛不杀生"缘故。

按照玄奘所记，唐代和阗的缫丝生产，是允许蚕蛹破茧而出的缫丝方式，而且这种丝绸生产与中原的缫丝传统是有明显差异的，所以玄奘特意记录在案。在崇信佛教的唐代，这个记载当然也可能是玄奘借机宣扬佛理，将西域"破茧缫丝"解读为人们遵循佛教不愿杀生的良好愿望。但从客观上来讲，以不杀生来解读"破茧"这种特殊缫丝方式，不仅难以说明"破茧"缫丝工艺的来源，而且不能解释"破茧"缫丝生产的历史延续性。因为自元代以后，佛教不杀生的观念已然不再是和田的宗教文化特征，但"破茧"缫丝的方法似乎一直延续下来。直到近百十年前，和田艾德莱斯的缫丝工艺还普遍保留了以"破茧"缫丝织造的生产特征。

和田"破茧"缫丝的工艺，更大的可能性是来源于历史上绿洲人民对蚕种的极端重视，体现出在古代远离国家政治经济中心的沙漠绿洲区域生产方式的"特殊生态适应"，而不是其他的诸如源于"不杀生"的良好愿望。实际上，结合和田绿洲的历史地理实际，就容易发现早期的丝路绿洲由于沙漠戈壁地理阻隔等自然限制，使绿洲和田的蚕种极为难得，特别珍贵。由于生

---

❶ 侯世新，王博：《和田艾德莱斯》，苏州大学出版社，2011年12月，14页。

产需要和最大限度地获得蚕种数量、保障蚕种的可持续存在，创造性地形成了"破茧"缫丝的生产技艺，这才是符合环境相对封闭、产业自给自足的绿洲实际的理论解释。

绿洲作为丝绸之路的重要节点，固然在东西交通贸易、西域和中原的朝贡往来中能够获得难得的利益，但自给自足依然是绿洲普遍的生产特征。这种在一定区域（绿洲）内部的自给自足，类同于古代中原"男耕女织"的自然农业经济，人民衣物的获得从原料到制作、文化选择等方面，皆受地理环境限制。"破茧"缫丝正是与绿洲地理环境、纺织服装原料稀缺有直接的关系。蚕种难得，一则重视保存蚕种，二则体现出丝绸原料最大限度地寻求数量增加、降低质量要求（相对于中原地区）的折中选择。我们也可以进一步设想，在古代交通极为不便的环境下，作为丝绸和服装产业源头的"破茧"缫丝工艺，很容易形成工艺的"源头效应"，持续影响和田传统丝绸织造的工艺流程。

2. 关于艾德莱斯源流的探讨

对和田艾德莱斯的最早出现时代，目前尚无定论，是艾德莱斯产业发展中最值得探讨的学术课题。《和田艾德莱斯》一书对此命题做了较为全面的学术梳理，但仍未系统完整地解答这一命题。作者指出，目前我国最早的艾德莱斯实物为故宫博物院藏清代遗存："有人认为是乾隆时期的，如果属实，那么最晚也早于19世纪，而且最有可能是1760年之后。从文献和实物看，中亚地区的艾德莱斯也未见早于18世纪中叶的"。❶ 清末文献中有关于"艾德莱斯"的记载。当然，也有学者试图将艾德莱斯的生产上溯到汉代、唐代，或者以扎经染色为艾德莱斯的基本依据，甚至提出汉代"毛质艾德莱斯"❷的说法。这些观点似乎皆关注艾德莱斯作为一种纺织产品的名称、实物的形式，而没有深入探索目前尚流行、实用于和田维吾尔族人民的，被称为艾德莱斯的这一纺织服装服饰用品的文化内涵和生产本质。确定艾德莱斯的属性

---

❶ 侯世新，王博：《和田艾德莱斯》，苏州大学出版社，2011年12月，24页。

❷ 同❶，112页。

问题，观察点不仅在于某种在其他织造产品中同样存在的传统技艺（如扎经染色），更在于其独特的织物组织、色彩图案、文化特质、审美表达，以及这些方面共同构建的服装服饰形态。同样，还需关注艾德莱斯作为民族地区、绿洲区域的服装服饰形态及其全产业、广参与、具有传承性的物质生产方式特点。

对于艾德莱斯的工艺，即艾德莱斯生产中的特殊环节，作者也有诸多田野调查和完整整理。例如，"制作"生产环节中织造过程的"铁锤砸压艾德莱斯的工艺""使艾德莱斯的经线能平展开来，经面上的图案会更加整齐、亮丽一些"都有记录❶。但该书中笼统地将艾德莱斯的工艺概括为"缫丝、扎经染色、织造"三个组合❷。这当然并不完整，就工艺而言，并没有突出织造中的富有技术性、传统性、地域性、人文性的图案问题。艾德莱斯的组织结构的复杂多样及其因人而异的"少规律性特征"❸，以及这种特征与艾德莱斯生产的民间性、参与广泛性的内在关系问题；艾德莱斯生产中，其纺织机的结构及操作工序、扎经染色的用色处理（量）、染色位置与图案纹样的色彩变化、色彩的搭配呼应等，还没有得到深入考察。就整体而言，并没有深究织造之后的制作，服装衣着传统中的审美和文化属性。

全面理解集特色民族服饰产业与文化为一体的艾德莱斯，还有很多探源工作的空间。如作为和田服装产业源头的"破茧"缫丝工艺对包括艾德莱斯在内的和田丝绸的纺线、织造、面料整理的影响，以及由此可能引起联动的整个染织、图案和服用的习惯；"破茧"工艺如何与当地人民的文化习俗相互作用，并影响了艾德莱斯独具特色的织造技艺；艾德莱斯服饰的图案意蕴、色彩审美、情感心理，与和田民族地区独特文化传统的构建的内在逻辑等，无疑同样是值得注意且有待研究的问题。

---

❶ 侯世新，王博：《和田艾德莱斯》，苏州大学出版社，2011年12月，113页。
❷ 同❶，25页。
❸ 同❶，57页。

（三）艾德莱斯是我国沙漠绿洲生产方式的典型代表

和田绿洲土地适宜种桑养蚕，但和田绿洲因为被阻隔在沙漠之南，道路遥远，交易成本昂贵。从生产实际来看，艾德莱斯是具有完整产业生态的绿洲物质生产方式，涵盖了蚕桑、织造、印染、成衣、穿着等服装生产各个环节。当地人民各家各户参与生产，产业各环节链条完整，是从原料、纺织到成衣和从生产到消费的绿洲物质生产方式，也是具有完整物质生产形态的传统服装产业生态。这种物质生产，是我国南疆传统上"自然经济的社会"和绿洲环境"自给生产"性质❶的一种反映，是一种绿洲生态下的生存性物质生产。既然艾德莱斯的生产来源于绿洲的生产方式，是"干旱地区中的特殊生态适宜"的发展产物，那么作为一种产业形态，它也必然具有"沙漠绿洲文化的地域性""脆弱性"❷。

（四）艾德莱斯是和田传统服装文化的代表

就服装而言，在现代图案设计介入之前，构成艾德莱斯的文化标识的图案和色彩，毫无疑问具有极强的地域特色。艾德莱斯的色彩源于就地取材的天然色彩。艾德莱斯的图案内容来源于和田人民的生产与生活内容。它可以是农业和手工业的生产工具，如镰刀、乐器，可以有动植物的几何形态，如羊角、石榴花等。和田维吾尔族人民（织造者）把自己对生活的感受，进行图案组织和色彩构建，甚至无须画图而自由织造出大家认可、富有个性色彩的艾德莱斯。因为家庭作坊和群众普遍参与，熟中能生巧，民间出高手，造就了艾德莱斯闻名遐迩的艺术性和丰富性。人民群众的热情创造，以及每个人对世界的感受，成为凝聚在艾德莱斯中的丰富文化审美。因为共同参与，

---

❶ 新疆维吾尔自治区编辑组，《中国少数民族社会历史调查资料丛刊》修订编辑委员会：《南疆农村社会》，民族出版社，2009年1月，167页。

❷ 依丽米古丽·阿不力孜：《沙漠干旱地区的人类文化适应研究》，中国社会科学出版社，2016年7月，267-272页。

在用色、图案搭配,乃至服装样式方面,容易在和田区域形成文化和审美的共识,生产出大家都喜欢、能接受的产品。它富有情感,常变常新,既有时代特征,也有创新创造。这是艾德莱斯作为和田绿洲的传统服装,受到本地乃至全疆人民喜爱的重要因素。

和田艾德莱斯的语义,在民族语言中是极为丰富的。例如,艾德莱斯不仅是丝绸这种服装材料,也是一种服装概念。和田维吾尔族人民通常会说"我喜欢穿艾德莱斯"。实际上,艾德莱斯在传统语境下,就包含服装款式的意义。和田艾德莱斯的主要传统款式是长裙,尤其是女装长裙。艾德莱斯表达的意义极丰富,它可以表示丝绸、和田丝绸制造的布料,指称和田地区民族女性的长裙式服装款式,代指富有区域特色和识别度的传统民族服装样式,也可以表达其特有的织造方式、花纹组织和色彩感受。可以表达人们对服装色彩、材料、形式、文化的审美需求,也可以表达一种丝绸衣物的"飘逸"的心理感受。随着人们社会生活的发展,如今和田人民将以艾德莱斯制作的服装服饰,以艾德莱斯图案元素制作的围巾、帽子等衍生品也称为艾德莱斯。

二、新中国成立以来艾德莱斯产业发展及存在的问题

(一)新中国成立以来艾德莱斯产业发展和技术进步

新中国成立后,在中央政府的主导下,和田建成了新疆最大的丝绸厂(和田丝绸厂),艾德莱斯开始进入现代化生产时期。艾德莱斯主要的生产地是和田市吉亚乡和洛浦县。20世纪50年代,和田的缫丝逐步用机械纺车代替了手工纺车,制作艾德莱斯的生丝多用机械纺车。20世纪80年代,吉亚乡购进铁质织布机,纺织机械的引进进一步提高了纺织效率,降低了人工劳动强度。20世纪90年代,和田丝绸厂更新机械设备,以电动纺织机取代传统乡村作坊和个人家庭手工的木制纺织机,生丝和丝绸的加工效率大幅度提高,至2003年,艾德莱斯基本实现了机械化生产。机械化生产对于和田艾德莱斯的发展,一方面带来了产量的增加,另一方面,技术革新中逐渐出现

以人工合成材料（化纤）替代天然蚕丝的艾德莱斯产品，以及印花产品等。

党和国家对和田地方特色产业艾德莱斯的发展极为重视，积极推动其实现现代化发展。通过引进改良桑植、蚕种，建立在当地的蚕种研究所，着力提高生丝产量，改善人民生活。通过建立国有企业，引进人才和技术，进行生产示范和技术带动。通过引进新的纺织机器，推动生产农户将传统手工业逐步改进为机器织造，提高效率和效益。艾德莱斯生产的现代化水平、产品数量和质量都有了很大提高。目前，和田大部分织造艾德莱斯的机器都为电动织造机。这种从生产环节着手的技术革新，并未改变艾德莱斯以家庭作坊为主的生产组织形态，也较好地保留了群众共同参与、各家各户自己织造的产能特点。农户织造艾德莱斯，依然成为和田吉亚乡以及洛浦县本地农户的重要服装生产方式。2011年，和田大约有3000户农户参与纺织艾德莱斯，而图案花纹增加到20种，色彩达到140多种❶。

调查发现，和田艾德莱斯不仅在缫丝、纺织、染色、整理各环节由群众广泛参与织造，其服装的生产传统上也主要由裁缝店来满足。在和田市、洛浦县，裁缝店这种服装生产形式今日仍大量存在。在洛浦县的乡村，甚至每个村都有裁缝店，依旧是普遍的现象。一些当地服装生产企业也有很多是从裁缝店成长扩大来的。其中基本有三种生产形式，第一种是个体裁缝，第二种是类似时装店的设计师，他们大多没有受过专门的设计训练，但是了解当地市场需求和消费习惯。他们根据市场需要，向农户（居民）下单织造，而后使用这种布料进行设计制作。甚至近年来开始利用抖音、淘宝等平台，开展全国乃至国际营销。第三种是工厂化生产。通常是拥有几十台机器的本地工厂，成为生产组织主体。工人为来自当地的居民，属于不离家的居民上班形式。既是工人也是居民，家里有事就回去，有空就来上班，发放计件工资。这种方式通常可以得到政策的扶持，是一种促进就业的重要方式。

据2023年统计，和田吉亚乡有艾德莱斯绸生产企业7家、合作社4家，

---

❶ 侯世新，王博：《和田艾德莱斯》，苏州大学出版社，2011年12月，138页。

从事家庭式艾德莱斯绸专业户668户，艾德莱斯织机765台，艾德莱斯绸实现从抽丝、染丝、织布到服装、实体店销售的完整产业链。产品远销新疆内外，年产量近45万匹，年产值超3000万元❶。根据洛浦县委统战部干部艾合买提江提供的统计，截至2023年，洛浦县有纺织服装加工厂15个，裁缝店134个，制作艾德莱斯小作坊5个，艾德莱斯年产量9.5万米。实际上，在和田市同样有很多未统计在内，而在路边和街边商铺随处可见的裁缝店。这些裁缝店也是艾德莱斯服装的制作地，生产着满足本地居民需求的包括艾德莱斯在内的各色服装。

（二）艾德莱斯发展中值得注意的问题

1. 对于民族传统服装产业的认识有待加强

艾德莱斯既是和田地区独特的服装服饰、民族文化，又是传统上绿洲地域不可须臾离开的重要物质生产形态。作为和田人民传统物质生活生产方式，艾德莱斯的特色和文化魅力来源于现实的生产实践和生活实践，以及这种实践中维吾尔族群众的广泛参与和创造。因此，和田艾德莱斯与维吾尔族人民的传统服装生产方式和生活方式存在鱼水交融、互为表里、相互依存的共生关系。它既是绿洲区域人与自然关系的结果，也体现出群众创造与群众需要的一体性、生产生活和文化形成的共生性。和田艾德莱斯作为绿洲民族区域服装的生产，可以归纳为以下特征。

一是历史悠久的和田纺织服装产品。艾德莱斯的生产得益于和田绿洲自然地理的适宜蚕桑，并经过长期的历史积淀，形成了体现人与自然和谐共生的产业生态特征，为绿洲产业的优秀代表。

二是蕴含着丰富的民族精神价值、思维方式、想象力和文化意识。艾德莱斯不仅是"非物质文化遗产"，而且是现实的和田人民的生活方式和物质生产方式。

---

❶ 《"艾德莱斯绸之乡"用全能饲料人工养蚕试养成功》（《新疆日报》，2023-08-31）。

三是具有完整的产业生态。艾德莱斯在和田有完整的产业链，从蚕桑到缫丝、织造、印染、服装服饰，涵盖从原料到生产的各环节。从和田到新疆再到全国乃至国外的诸如乌兹别克斯坦等中亚国家，艾德莱斯都有稳定的消费市场，具有较大的产业潜力。

2. 传承与发展的问题

现代服装设计视野对艾德莱斯的传承与创新通常是具有很大"外部性"的。其以服装工业化为蓝本，推进传统民族服装实现现代化，汲取民族传统服装中富含的优秀的时尚元素，截取城市时尚中缺少的文化气息、独特的民族风情，来创造流行于都市、国内外时尚产业的新产品和新时尚。这样生产出来的产品，通常会很快占据原有的艾德莱斯服饰市场。然而我们应看到，这种服装新时尚、新产品，看似为本土服装文化的现代化，实际上是被设计、修改过的全新工业产品。比如，目前很流行的，以现代服装技法截取艾德莱斯的色彩、结构、图像等元素进行设计创新，将艾德莱斯元素融入现代服装时尚中的做法。这种"断章取义式"，以传统元素截取、文化审美汲取为主要手段的所谓时尚设计，发展到一定程度，就可能逐渐脱离艾德莱斯的本来面目，失去艾德莱斯的固有文化特质。

艾德莱斯极富民族特色，也极富区域特色。艾德莱斯为和田最富有特色的民族服装，但它不仅仅是一种服装文化，作为具有鲜明区域和民族文化特色的服装产品，和田艾德莱斯不仅以独特的民族服饰文化方式存在，而且是和田人民长期以来满足衣着需要、重要的民族传统服装产业。艾德莱斯创新发展的初心，是促进其更好地服务人民对美好生活的需求。我们要警惕，失去传统产业链的艾德莱斯，极有可能逐渐虚化为一种飘忽的文化，一个现代设计中不再灵动的区域服装符号。艾德莱斯一旦失去了原来的、本土的、民间的、群众参与生产过程的、自然而然的生产创新创造之后，它就可能失去鲜活的文化色彩、蓬勃的内生活力，不再成为时尚创新创造参照的源泉。艾德莱斯的设计创新或者相关的设计创新，也可能逐渐失去动力，并在可预见的未来被市场淘汰和遗忘。结果当然是走向发展的反面。

3. 立足历史地理的基础研究不足的问题

在我国的自然地理环境中，和田地区区别于中原地带及沿海以农业为主地区，也区别于我国以内蒙古高原和青藏高原为代表的草原畜牧业区，是我国特殊的产业生态区。这个区域可以称为我国"第三态"产业生态区——沙漠绿洲产业生态区。这种"第三态"产业生态区，主体分布在天山以南的南疆区域，而和田因为地处沙漠与昆仑之间，属于极为特殊、特征最为显著者。

一是从历史和现实来看，地理环境必然严重制约和田的整体发展规模。不论是经济、产业，还是人口和城镇建设方面，皆有其强制约的环境限制。地理环境对于艾德莱斯的传统产能也必然存在一定的约束。

二是从环境承载能力来看，对绿洲各项产业的发展方式必然产生较大的影响。因为沙漠绿洲水资源来源单一，区域水源年度总体可使用的径流量稳固且有限，对和田各项产业的发展不仅具有规模上的强约束性，而且对其产业发展模式、技术采用方式皆具有强约束性。艾德莱斯现代化发展中的技术吸纳，必然对于可降解、水能耗等绿色发展有指标性约束。

概言之，沙漠绿洲自然环境对生产生态的影响表现为：地理上，资源充分利用和自我满足的产业，自给自足的完整的产业链和产业生态；环境上，绿洲发展和经济增长受水资源限制、自然环境的强约束性，对于人口规模、城市发展都有显著的影响；产业上，可选择的产业类别受限，约束着产业规模、增长方式、技术路径。

无论从服饰、文化，还是产业传统来看，艾德莱斯当前的现代化发展和未来的可持续进步，都需要立足于和田的实际，也即沙漠绿洲和田的自然环境约束、人与自然和谐共生的客观实际。对于艾德莱斯产业的发展，既要重视绿洲发展的水约束、有限性[1]特点，又要保护艾德莱斯的产地特征。产地特征即高度重视和田艾德莱斯的文化特征，尤其是类似"从群众中来，到群

---

[1] 吴小军，王保鲁，周长华：《历史地理禀赋与绿洲产业发展：和田纺织服装产业发展研究》，中国纺织出版社有限公司，2023年8月，122页。

众中去"的产业广泛参与性、消费的群体性,既体现出绿洲生产的人与自然和谐的发展特征,又显示出艾德莱斯传统民族服装产业接续发展、创新提高的内在逻辑。

三、以中国式现代化引领艾德莱斯产业发展

(一)立足和田的地理特殊性确定产业政策

和田的特殊性,如前所述,首先在于其典型的沙漠绿洲的地理特殊性。这种产业区域,是区别于我国内地大部分地区的季风性农耕地带,也区别于内蒙古高原和青藏高原等以畜牧产业为主的地区,为我国新疆独特的居住地带。和田在南疆典型沙漠地带中最为特殊,因为区别于如喀什等背靠天山的其他绿洲区域,和田地处塔克拉玛干沙漠之南。在沙漠绿洲的自然地理条件下,在经济地理上独处一隅,在产业发展上多了一层限制。

和田产业发展的特殊性,在于其在民族区域发展、各民族共同富裕中的特殊意义,在于其在西部地区稳定发展中的特殊重要性,也在于我国维吾尔族传统服装文化和传统产业传承发展的特殊价值。只有从这三个战略高度出发,创新发展视野,创新产业政策,创新组织引领,正确认识特殊环境下的有限性发展与高质量发展的内在逻辑,才能实现艾德莱斯的传承创新、科学发展。

生产方式是文化艺术的源泉,文化的自生长是艾德莱斯可持续发展的重要动力。文化传承能力和传播力的基础在于文化活力和生命力。民族地区传统手工艺、艾德莱斯产业的文化属性及自给自足属性,文化传统的传承载体属性,使艾德莱斯成为"和田文化"内容的组成部分。中国式现代化道路,就是既要实现现代化技术进步、创新发展,又要走中国道路,使民族传统技艺能赓续传承,民族服饰文化能弘扬发展,传统服装产业走中国化的现代化发展道路。

（二）正确认识民族地区传统服装产业的价值

从外观和形式上，我们很容易理解艾德莱斯是一种具有区域特色的民族服饰文化。但从历史和实践来看，艾德莱斯也是根植于和田历史和地理的产业生态系统。这个产业自成体系，在原料、织造、印染、制造（裁缝）、成衣等各生产环节，有着从生产到消费各产业链条的完整产业生态。在和田，艾德莱斯是人民群众从生产到消费全环节参与的生产活动。艾德莱斯服装的裁缝是当地的裁缝，它的款式、花色符合维吾尔族人民的文化喜好，它的裁剪结合当地人民的身形实际，它的产品被广泛地接受和喜爱，是节庆等重要生活仪式的组成部分。在整个新疆范围内，艾德莱斯是被维吾尔族人民广泛喜爱的服装形式，甚至在中亚地区（尤其是乌兹别克斯坦）也是最富有特色、最被广泛接受的服装样式。

促进传统民族服装产业接续发展是中国式现代化的题中应有之义。对于传统文化中的民族传统服装文化，我国各地原来固有的民族传统服装产业要提高认识，深刻理解它在传承民族文化、提高本土就业率、保持特色产能、满足人民美好生活的文化需求上的独特贡献和价值。对于艾德莱斯这种传统民族服装产业的现代化发展，一定不是用现代化去消灭它，而是要继续保持、传承和大力发展。

（三）辩证认识改革开放以来我国服装产业现代化路径及其问题

1. 工业化进程对民族服装产业发展的影响

我国服装产业的现代化进程促进了服装工业的大发展，使我国成为世界上第一服装工业化生产大国。但是我们要清醒地看到，服装产业的全面工业化带来了我国传统服装生产业态的全面瓦解，以及服装产业在文化和审美方面的国际化依附性问题。甚至，西方主导的现代服装产业文化对我们的意识形态渗透和传统文化的解构，也成为一种亟待重视的文化现象。

中华民族传统服饰产业是世界范围内为数不多的、生产高度发达的、极富创造创新力的、最为美好的物质文化生产形态。中国传统服装不仅历史悠久,而且丰富多样、精彩纷呈。服装产业的分布也是多种多样的,东西南北中各不同。在服装产业工业化发展的同时,伴随的是我国传统服装业态、传统技艺、文化审美等逐渐消失。我国一些原有的丰富的服装元素、服装文化、织造思想,正是在传统服装产业消失以后,变得没有血肉,成为一种符号化的东西。这种符号化的东西是缺乏文化穿透力和生命力的,不能满足新时代中华文化伟大复兴的需要,也难以形成对外文化传播力量。因为文化的力量来自产业本身不断的、原发的蓬勃生机。

服装工业化进程对我国传统服装生产影响极大。改革开放以来,得益于我国纺织产业的大发展,服装产业迅速发展,我国成为世界上重要的服装生产大国。我国服装产业的发展,起点是国际分工和沿海开放地区的代加工性质的服装工业化生产。在服装产业的国际分工和外向型生产的背景下,我国服装产业生产和销售"两头在外"的行业特点十分明显,结果是一方面产能巨大,成为世界最大的服装生产加工地,另一方面国内积累薄弱,很多产能始终处于产业链下游。更主要的是,服装产业的这种国际分工和工业化发展,即服装和时尚产业长期遵照的欧美国家审美标准,也给我国丰富的传统服装服饰文化以及保留这些丰富传统文化的服装生产方式和产业生态带来了很严重的影响,致使大量的传统服装服饰生产形态、生产技艺、生产方式逐步式微,退出服装生产市场,直至以仅存的工艺技艺成为"非物质文化遗产"。

这种"外向型"生产不为本地服务,又因为样式、设计和市场、消费的外部性,从原料到织造、加工、创新、市场等服装产业的各环节,本地参与的逐渐只有代加工环节。这种所谓的现代化生产方式,是服装工业化进程中非常普遍的现象。传统服装产业面对工业化生产、全球化生产的挑战,如果没有进行自身产业各环节的现代化重构,就会面临消失危机。因为难以形成有效的竞争力,就会逐渐失去大部分既有生产环节,而由于一些产业环节的退出,致使产业链被逐渐切断。由于传统民族服装产业生产逐渐与当地的生活需求和生活实践脱离,服装审美的与时俱进、文化的传承创新,图案、色彩乃至技艺的进步等各方面,都会成为"无源之水",并终于失去原有的市场。于是,这些原本具有完整产业链的民族服装生产,逐渐成为一个符号化的记忆,不再是被市场需要、民生日用的有效生产。

2. 客观、全面地理解"非遗"艾德莱斯的发展

近年来,和田艾德莱斯被作为"非遗"文化向外界推广、传播,正得到广泛关注。设计师们也利用和汲取艾德莱斯文化精华,以艾德莱斯的图案、纹样、面料为元素,以现代设计理念、展现形式,开展艾德莱斯服装设计、创新、生产。这种外部性的、"墙内开花墙外香"的发展模式,极快地推动了艾德莱斯文化传播,使艾德莱斯成为广为人知的和田民族特色服饰文化。同时,也存在逐渐将艾德莱斯在时尚话语中变成一种文化和风格的现象。实际上,在现代时尚话语体系下,无论是从商业营销,还是创新设计来看,都很容易把艾德莱斯的文化符号、艺术风格运用在新的设计上,将其融入时尚流行,逐渐变成一个"非遗"化的文化符号、一种设计风格、一种图案纹样,最终成为现代时尚知识库中的设计元素。如果完全按这种方式去引领,和田艾德莱斯在贡献了优秀的民族服饰文化之后,作为传统产业必将慢慢被挤压、碾碎,随着时间的推移,这种元素也将因本地创新、再生能力的逐渐式微,而成为"非遗"的相框、时尚的知识元素、文化的追忆。

(四)中国式现代化指明了绿洲发展的正确方向

中国式现代化是习近平总书记《在庆祝中国共产党成立100周年大会上的讲话》中提出的重要论断。党的二十大报告进一步做了理论总结,指出"中国式现代化,是中国共产党领导的社会主义现代化,既有各国现代化的共同特征,更有基于自己国情的中国特色。"中国式现代化是人口规模巨大的现代化,是全体人民共同富裕的现代化,是物质文明和精神文明相协调的现代化,是人与自然和谐共生的现代化,是走和平发展道路的现代化。中国式现代化总结了新中国建设,特别是改革开放以来的探索、实践、经验,提

出了中国共产党领导、人口规模巨大、全体人民共同富裕、物质文明和精神文明相协调、人与自然和谐共生、走和平发展道路等现代化基本内涵。

习近平总书记提出创新、协调、绿色、开放、共享的新发展理念，绿水青山就是金山银山的理念，为推进中国式现代化发展确立了重大原则。立足当今世界百年未有之大变局视野，中国式现代化是对西方主导的现代化的革命性创新，为全球发展中国家和地区因地制宜、独立自主探索现代化发展道路提供了理论和实践指导。

中国式现代化是全新内涵的现代化道路，富有中国特色，具有独特的发展价值取向。中国式现代化是多数人的而不是少数人的现代化，是共同富裕的现代化，是以人民为中心的现代化，必将以党的领导、人民为中心、因地制宜、实事求是、和平绿色、精神文明、共同富裕等综合发展目标，适度迭代以国内生产总值（GDP）增长为唯一核心指标的发展价值观。

中国式现代化是在总结过去经验和实践基础上的产物。对于改革开放以来西方主导下的服装工业化进程、我国服装产业的城市化、外向型发展经验，我们同样要深刻分析和总结。服装的工业化进程对我国丰富的传统服装文化、民族服装文化和产业，产生了极大的冲击，是最值得我们当前服装产业发展深思的现象。促进民族传统服装产业、传统文化传承创新，是中国式现代化实践的应有之义。新时代和田艾德莱斯的发展实践，就是要以中国式现代化理论引领发展，坚持"人民为中心"的发展思想，坚持"两山理论"，发扬实事求是精神，促进人与自然和谐共生，促进产业生态化转型发展。

四、中国式现代化理论指导下和田艾德莱斯产业的发展实践

（一）以中国式现代化为指导，加强区域传统服装产业发展的基础性研究

一是加强和田绿洲人口、城镇化、工业化等环境承载力的基础科学研究。以基础理论研究及自然承载力研究的成果，为未来和田纺织服装产业的发展规划提供基础指导依据。全面树立和田绿色可持续发展、人与自然和谐

发展的理念，有序布局和田社会发展，科学评估产业发展生态，创新传统产业产能方式、生产方式。

二是加快实施艾德莱斯探源工程。中国式现代化道路，就是既要实现现代化技术进步、创新发展，又要走中国道路，使民族传统技艺能接续传承、民族服饰文化能弘扬发展、传统服装产业能走中国化特色道路。艾德莱斯作为民族地区传统手工艺、产业的文化属性、自给自足的生产属性，以及文化传统传承的载体属性，使其成为"和田文化"的重要组成部分。深入开展艾德莱斯发展的历史与源流、文化和技艺、环境与产业、属性及特征等全方位的探源工作、基础学术研究工作，是艾德莱斯技艺传承和文化接续发展的基础，也为创新和现代化发展提供了政策参考和发展引领。

（二）重视和加强党和政府的领导，创新发展道路

1. 要优先重视和发挥党和政府在产业发展中的主动性、规划性、主导性作用

一是加强产业规划和指导。要结合和田的历史地理实际、民族传统产业发展的特殊性，大力发挥党和政府的基层组织在领导民族地区传统产业发展和转型升级中的积极效能，发挥组织、动员、管理、人才、市场、产品各环节的组织作用，加强计划性、规划性、科学性、引领性、主导性。确保以人民为中心的现代化发展目标，确保就业与增收，确保全产业链的现代化和进步，使民族地区传统手工业产业的现代化发展与新时代乡村振兴、西部大开发等战略有序结合，取得效果。

二是实施有组织的产业发展策略。各级政府的发展规划要立足自然地理实际和科学实际，不能仅停留在建设市场、聚集产业，还应该制定有组织的产业政策，主导产业的技术创新、产品标准、人才培养，进一步发挥积极引导的作用，使产业的高质量发展、产业的富民就业目标，以及和田艾德莱斯的工艺传承和文化发展等落到实处。

三是立足新时代明确和田区域发展的基本原则和价值指向。要以社会效

益与经济效益相统一、坚持共同富裕、文化接续传承创新，高度重视就业和增收，有利于促进乡村振兴为基本发展目标；要坚持以人民为中心、反对以资本为中心的政策指引；要贯彻沙漠绿洲的环境优先策略、人与自然和谐共生的发展战略。

2. 立足环境、政策、民族区域的特殊性，强化以人民为中心的产业布局

在促进和田产业发展和艾德莱斯传承创新中，只有坚持党的领导，才能从战略上统筹规划，充分利用和发挥党和国家有关援疆、润疆、兴疆的有利政策，加快引领艾德莱斯发展。在艾德莱斯产业发展中必须落实"以人民为中心"的发展理念，自觉落实党的民族政策，科学保护和发展艾德莱斯民族服装的基本形态、文化价值，满足当地人民传统的审美需求、生产就业要求、衣着生活需要，有序推进共同富裕。

立足和田的历史地理实际、民族传统产业发展的特殊性，有序引导和鼓励居民参与艾德莱斯产业发展，发扬和落实中国式现代化产业的亲民性。同时，高度警惕"以资本为中心"的、追求短时期增长最大化和利润最大化的发展导向。要通过制定绿色发展指标、环境保护和可持续发展政策，有序引导艾德莱斯全产业链平衡发展。要立足和田安定团结、人民生活稳定，规划和田艾德莱斯技术、人才、市场的定向开发，全面促进和田地区艾德莱斯全产业、全环节的现代化进步。要立足文化的自生长，保障作为民族服饰文化艺术源泉的和田艾德莱斯接续发展，促进民族地区传统服饰文化保护和文化繁荣。

（三）重视艾德莱斯与乡村振兴战略结合的政策引领

充分发挥政策引导作用，将艾德莱斯产业的发展，与居民提高收入、促进共同富裕、接续产业发展、促进文化繁荣和新时代乡村振兴战略结合起来。就和田绿洲区域的发展、艾德莱斯民族服装产业而言，中国式现代化理论指导下的发展目标，应该是立足实际、立足发展民生、立足乡村振兴战

略,加快推进产业的现代化进步。密切联系实际,正确认识艾德莱斯生产与人民群众提高收入、保障生活的不可分割的关系,正确认识艾德莱斯体现的生产特质,人民群众对产业全环节全链条参与,保护和完善艾德莱斯产业全链条的广泛性、群众性、生产性特征,促进产业发展与居民收入提高相结合,着力实现特色文化常用常新、长盛不衰。

要加强科技引领。要继承和发展新中国成立以来党和政府在引导和田艾德莱斯发展上的正确思路,将艾德莱斯作为和田的特色区域产业、民生产业,提高其产业技术水平。例如,重视蚕桑的种植和扶持,引入适宜绿洲沙漠环境的优质桑树;加强蚕种进入和研发,提高和田蚕丝质量。加强缫丝技术创新,并切实将其技术革新与居民(个体)缫丝技术提高、效率提高结合起来,因地制宜,提高缫丝质量,加快改变大量艾德莱斯生丝从江浙地区购买的现状。加强印染技术革新,促进技术革新与个人掌握相结合,保持原有的艾德莱斯居民生产生态。加强制造技术和纺织设备革新,提高工作效率和质量。未来,随着织造技术水平提升和设计能力增强,以及服装款式的设计和裁剪技术的进步,产品的质量会极大提高,其价值也会提高,有利于保障和田地区人民的就业和收入水平提高。

(四)坚持人与自然和谐共生与可持续发展

1. 坚持绿色生产的发展理念

艾德莱斯生产与沙漠绿洲和田的关系问题,是艾德莱斯传承发展的首要问题。作为我国最具典型的沙漠绿洲地区,和田艾德莱斯产业的中国式现代化发展道路,既要参照改革开放以来东部,尤其是沿海地区服装产业发展路径经验,又要善于总结教训,敢于立足和田绿洲的产业生态实际,立足绿洲自然和历史地理实际,科学选择发展方式、生产组织方式,不搞急功近利,不搞"杀鸡取卵"式的增长模式,严格控制环境破坏性生产方式,在尊重自然、顺应自然、保护自然的理念下,实现产业的可持续发展。

和田地理与艾德莱斯生产之关系,反映出的是区域与区域文化相互依存、相互映照的现象，正是人（产业）与自然（地理）相互关联的写照。对于和田而言，艾德莱斯不仅是洛浦县和吉亚乡群众代代相传的产业，而且是维吾尔族人民世代喜好的服装和文化，其关系和田的民生和经济，关系民族传统的传承、文化的创新，关系维吾尔族人民的美好生活。

2. 坚持人与自然和谐共生的发展要求

艾德莱斯产业长盛不衰的基本前提，是不做"力不从心"的事情，盲目扩大产能；是遵循人与自然和谐共生的要求，立足和田的人、地、水的自然禀赋，有多大力办多大事，科学认识产量和质量，强化环境承载能力约束，使生产加工各环节不造成环境的负担，废水废料不成为危害环境的来源。

艾德莱斯的常用常新的重要立足点，取决于和田维吾尔族群众全产业链、生产各环节的参与，而不是断章取义式地选择性推广。从服装产业现代化工业化经验来看，民族传统服饰文化如果仅仅寄希望于借助外部的城市化产业的设计创新，是难以重获新生的。在文化传承创新中，天才的服装设计创新人才也不能完全替代人民群众的劳动创造，以及人民群众在这种劳动创造中凝聚的文化精神、活泼的文化面貌、丰沛的创新创造。当地人民群众日常参与艾德莱斯生产、消费、欣赏、生活中呈现出的"边生活、边创造"的自然生命状态，是丰富艾德莱斯的独特文化内涵的重要源泉。世界各地、我国各地的民族服装服饰文化的丰富性、独特性、优美性、吸引力，无不来源于这种群众创造和群众生活。

3. 加快保障绿色发展的法治建设

在政策引导方面，增强环境保护意识、可持续发展意识。要将绿洲生态意识置于产业发展战略之前，严格控制"大工业化"的工厂大规模生产驱动和发展惯性思维。要落实在保护中发展，用法律、法规、制度促进艾德莱斯产业有序规范发展。要围绕艾德莱斯的发展，加快全产业链相关法规、政策制度建设，将人与自然和谐共生的绿色发展理念贯彻到艾德莱斯产业发展各环节、各层面，切实使人与自然和谐共生框架下的可持续发展有制度支撑，有法规保障，有法律保证。

4. 立足实际制定产业发展策略

人与自然和谐共生的发展，是要因地制宜采取发展措施，吸收技术、科技等先进的现代化要素，促进传统产业提高效率效益，焕发活力，增强服务人民群众美好生活的能力。人与自然和谐共生的发展，是要积极推进共同富裕，因地制宜为和田人民创造就业和致富机会。人与自然和谐共生的发展，是要大力弘扬民族传统文化，提高品质，通过科技进步促进接续发展，让和田艾德莱斯成为一种既有传统文化又融入现代时尚元素的全新产业体系，满足和田乃至新疆各民族群众的服装现代化、时尚化需求。

（五）明确"和田艾德莱斯"的地理产品属性

1. 艾德莱斯关系着和田区域文化特征

艾德莱斯作为和田地理标志产品，本身就是在历史发展中人与自然和谐共生的实践成果，是集产业生态、文化生态、自然生态为一体的绿洲生产生活方式的特殊载体。长期以来，艾德莱斯都是和田维吾尔族服装的亮丽风景。艾德莱斯服装的文化特质体现的是和田维吾尔族人民在长期生产生活中慢慢形成的一种审美文化，它与人们的生活习惯、文化传统、环境适应密切相关，与人们的生活方式密不可分。艾德莱斯服装中保留了和田人民的传统习惯，也隐含着和田人民在沙漠绿洲生活的丰富智慧。这种智慧凝聚为织造的细密、色彩的搭配、织出的晕染、合体的裁剪、节日愿望等，构成了艾德莱斯的基本特征，也构建了和田的文化色彩和文化形象。

2. 加快"和田艾德莱斯"地理产品标识建设

在产业来源上，一般研究者尚未明确和田绿洲历史地理与艾德莱斯生产的内在关系，而这种内在关系必将影响未来艾德莱斯产业的路径和发展。

绿洲地理对艾德莱斯生产的影响，促进了自给自足、自成体系的生产形态，使艾德莱斯不仅是和田地区历史悠久的服装服饰产品，而且在历史传承中凝聚了区域民族文化特色。艾德莱斯色彩中具有强烈象征意义的特质；艾德莱斯图案中显著的区域化特点，艾德莱斯图案特质具有的一般性与多样性、发展性的统一；艾德莱斯色彩印染中，材料的自然性、区域性与色彩搭配组织的特质；艾德莱斯组织结构的变化与多样性，形成特别的"艾德莱斯织机组织规律"[1]。艾德莱斯的图案和色彩，构建了艾德莱斯的主要外观形式，而这种色彩美感及图案流行，与文化创作主体，即和田维吾尔族人民热烈奔放的文化性格密不可分。艾德莱斯流动的纹样构造、色彩心理、图案风格，皆为和田维吾尔族人民历史文化和民族心理的积淀，与绿洲日常生活密不可分。

艾德莱斯作为和田的民族传统服装产业而存在，其显著的文化特质源于和田区域地理和人文历史。立足历史和现实，明确"和田艾德莱斯"的地理标志产品属性实为必要。因此，我们给和田艾德莱斯提出一个地理标志产品属性：和田地区生产的采用扎经染色工艺织造的，色彩热烈、富有动感晕染效果的纹样，体现和田维吾尔族人民热情奔放的性格和民族传统文化特质的丝绸和服装产品。

（六）以新理念新举措引领艾德莱斯发展新实践

1. 坚持全产业发展理念

一是坚持全产业发展，着力提高各生产环节的技术水平。艾德莱斯民族服饰的文化传承创新，立足于其产业的完整性，以及全产业链的现代化水平，着力提高艾德莱斯各产业链的技术水平。那种脱离从蚕桑到织造一系列上游生产环节的产业，只乐意强调设计创新和图案文化的发展思路，是不具有参考价值的发展路径。这种外部的、城市化主导的时尚路径，大多未给当地留下具体的产业和生产力，因此不会使民族传统产业发展繁荣，反而加快了产业的枯萎。

二是坚持属地成长，保持群众路线、继承与发展的统一性。保持传统民族服装产业生态，是艾德莱斯作为绿洲产业能够长盛不衰、与时俱进的基本

---

[1] 侯世新，王博：《和田艾德莱斯》，苏州大学出版社，2011年12月，78页。

要求。失去当地人民广泛的生产参与,将传统的产业从人民手中剥离,同样是"环境不友好"的发展道路。不以为本地人民服务为目标的工业生产,结果一定也是对本地发展的极大伤害。那种将艾德莱斯的生产从和田本土抽离的所谓的工厂化大生产的服装产业思想,那种以提高效率为借口,将产业环节从和田人民的手中剥离,以扩大市场为目的,忽视和田乃至新疆民族地区人民审美文化需求的发展,并不是中国式现代化的发展要求。文化的传承发展,只有"从群众中来,到群众中去",才有创新生命力,才能获得继续发展的文化活力,才能使产业在现代化进程中传承下来,创新发展。

三是强化本地产能限制,探索传统产业发展的"和田模式"。中国式现代化的和田实践,就是立足人与自然和谐发展的道路,立足地理环境实际,立足可持续发展。鼓励和田地区在制定区域发展规划、产业经济发展指标中,科学认识有限性发展与高质量发展的内在统一性。要加快引入并落实环境承载力指标的基本发展标准,强化环境地理特殊性,强化传统服装产业产能特殊性,强化传统服装的文化承载特殊性,在产业规划、组织实施、社会治理、群众就业、城市规模、增长目标等方面敢于"另起炉灶",创新发展思路,积极探索和构建环境友好的、促进民族文化保护的、符合沙漠绿洲实际的、满足和田群众生活需要的艾德莱斯产业发展"和田模式"。

2. 全方位推动艾德莱斯文化传承、产业提升

一是强化传承发展意识。要以艾德莱斯产业和文化传承为重点,将促进民族传统服装产业发展纳入中国式现代化和田实践的重要内容,要全面加强针对性教育,促进艾德莱斯服装产业传承发展,积极推进艾德莱斯进课堂、进中小学教材。要鼓励通过图画、图像等方式,记录、整理、传播、传承和田艾德莱斯产业、工艺与文化,形成系统文化传播能力。积极参加博览会、贸促会、展览展示等国际国内重大活动,加大传播力度。促进艾德莱斯文旅产品的开发,促进艾德莱斯延伸产品的设计创新和生产营销,提高艾德莱斯的市场竞争力、文化传播力。

二是全面提高劳动生产率。要积极构建完善的人才培养制度,立足和田

艾德莱斯全产业、全环节的技术进步，以人才培养为重点，加强技术引进和技术培训，全面提高劳动生产率，提高生产效率效益和产品质量。

三是加强当地设计师培养。民族传统服饰文化的传承发展，其核心内容是传承创新的文化内核接续问题。和田为西部民族地区，由于语言障碍、绿洲生态生存环境等形成的文化特点，是外部设计创新和服装产业人员面对艾德莱斯、理解艾德莱斯的重要障碍。要重视和促进当地设计师培养，对接传统产业时尚转型，积极开展艾德莱斯服装和文化产品设计创新竞赛，提升产业的时尚化发展能力。

3. 加快构建"源流别绪"的艾德莱斯产业新路径

艾德莱斯产业"源流别绪"的发展路径，既要坚持"源"不断，又要鼓励"流"发展。

一是要坚持"源"不断。艾德莱斯服装的本质，是作为和田传统产业而存在。它独特的、与和田历史地理禀赋关联密切的文化和审美，始终建立在产业本身的延续性基础之上。离开本土传统产业体系的艾德莱斯服装，必将逐渐成为无源之水、无本之木。因此要注重保持和保护艾德莱斯生产中的特色属性：地理属性、文化属性、原料属性、织造属性，以及裁剪制作中的工艺属性。要强化艾德莱斯全产业发展意识，促进艾德莱斯作为一个完整的产业体系在新时代接续发展，使艾德莱斯民族服饰文化与时俱进，文化创新源源不断。

二是要鼓励"流"发展。要大力促进艾德莱斯特色服装文化的现代化产业发展。如艾德莱斯图案、特殊的印晕染效果，进行再延伸设计，如用转印花呈现效果，或者将艾德莱斯文化元素运用于现代服装设计，以现代设计创新来生产出具有丰富时尚感的服装、服饰、手工艺、旅游产品等，对于传播和田文化、传播民族文化、丰富人民美好生活，同样具有十分重要的意义。这种商业发展路径，对艾德莱斯服装产业和文化都有很好的宣传作用，它与和田艾德莱斯原生业态相辅相成。因为有原生的艾德莱斯产业链在提供支撑，从而形成了互相促进、源源不断的产业潜力，真正实现可持续发展。

（七）深入开展和田艾德莱斯的学术研究和理论创新工作

一是加强艾德莱斯的理论学术研究。首先，加快进行艾德莱斯探源工程，为艾德莱斯的中国式现代化发展提供理论支持。立足中国式现代化视野，加强产业的机械化、智能化、数据化发展研究。积极布局艾德莱斯数据库建设，利用大数据构建艾德莱斯文化优势。积极推动艾德莱斯专业博物馆或馆藏建设，高水平推进艾德莱斯服装服饰文化的采集、研究、整理、传播与交流。

二是积极融入"一带一路"倡议。要高度重视艾德莱斯产品与文化向中亚文化圈的传播、销售、交流工作。和田艾德莱斯是包括从原料到款式、审美的传统服装体系。由于历史传统，艾德莱斯服装深受和田乃至新疆维吾尔族及其他民族群众喜爱，成为当地人民群众必不可少的重要服装消费品。这一稳定市场需求，一旦我国生产力无法满足，中亚国家如乌兹别克斯坦的艾德莱斯产品就会进入国内市场。随着"一带一路"合作的深入，新疆作为我国面向中亚的核心区，在推进中华文化交流传播、服装产业对外贸易等方面，需要不断加强创新能力，承担更大的任务。高度重视艾德莱斯服装的独特文化和审美内核，积极发展艾德莱斯产品的国际竞争力，对和田地区乃至新疆的发展具有重要的意义。

人与自然和谐共生：
和田艾德莱斯产业的中国式现代化
实践研究

李 靖

人类不同时期的生产生活实践有不同的发展主题。人类对于自然，从远古时期常存敬畏到农业文明时代逐步开发，再到工业文明"人定胜天"的征服思想，经历了巨大的转变。这种转变的后果，就是人类历史进入20世纪以来逐渐激化、显现的人与自然的矛盾。由于人类活动引发的环境污染和温室效应加剧，导致重大环境危害事件及极端天气现象频发，为全球发展敲响警钟。今日世界各国普遍认识到，解决好人与自然的关系，寻找发展与自然的平衡，是实现全人类可持续发展的前提。

和田地区地处我国塔里木盆地南缘，是古丝绸之路的南疆重镇。南枕昆仑，北面大漠，集高山、平原、沙漠、雪山冰川等多种地貌于一体，其中山地占33.3%，沙漠戈壁占63%，绿洲仅为3.7%。区域属干旱荒漠性气候，四季多风沙，每年浮尘天气约220天以上，水资源严重依赖于季节性的高山融水。自然环境和气候条件皆为沙漠绿洲特征。

和田生态环境脆弱，在结合环境污染、土壤侵蚀、水旱灾害和生物多样性受损等四大维度的生态环境安全评价研究中，和田乃至南疆地区皆被评为危机状态。和田地区经济的落后与生态脆弱具有很强的相关性，生态资源的匮乏和环境承载力的低下，对和田的发展无疑具有强约束性。不合理的开发利用极容易造成生态环境的恶化，而环境的恶化又会进一步反噬经济的发展。所以，正确处理好经济发展与生态环境保护的关系，走人与自然和谐共生的中国式现代化道路，既是和田区域可持续发展的前提，也是和田艾德莱斯产业高质量发展的前提。

一、人与自然和谐共生的产业引领

（一）人与自然和谐共生的理念共识

人类本身就源于自然，最终也将归于自然，人类的一切社会活动也都与自然息息相关。在中国传统的认知体系中，"天人合一"的思想内涵就是人与自然和谐共生。老庄"人法地，地法天，天法道，道法自然"，论断透彻。荀子"草木荣华滋硕之时，则斧斤不入山林，不夭其生，不绝其长也"的思想，提出了具体的生态保护准则。新中国成立以来，我国在不断的自我摸索和借鉴反思中，逐渐形成了系统的生态环境理论，反映了我国对自然生态的探索及对生态文明建设规律的认识不断深化。中国生态环境理论发展主要经历了四大重要阶段：①从1972年联合国第一次人类环境会议，到1973年我国召开第一次全国环境保护会议的起步阶段，该阶段生态环境意识逐渐觉醒，提出了第一个关于生态环境保护的"32字工作方针"，但尚未形成自己的理念；②从1979年《中华人民共和国环境保护法（试行）》的颁布，到1993年设立全国人大环境保护委员会修订的发展阶段，我国开始建立生态环境法律法规体系，开始城市环境的整治，首次提出生态环境概念，并于1982年宪法第二十六条提出了"保护和改善生活环境和生态环境"的目标；③从1994年《中国21世纪议程》发布，首次把可持续发展战略纳入我国经济和社会发展的长远规划，到2012年党的十八大召开的深化阶段，这一阶段提出了可持续发展战略及生态文明建设的重要思想，能够从战略高度和系统视角来认识和处理生态环境问题，首次提出生态文明概念，确定中国可持续发展的总体战略框架和各个领域的主要目标；④从2013年党的十八届三中全会提出建设美丽中国的目标，到党的二十大提出中国式现代化道路的引领阶段，我国开始了生态文明制度体系的全面创新，首次提出"美丽中国"概念，并进一步提出中国式现代化道路，将人与自然和谐共生引入现代化发展内涵。

中国式现代化道路将人与自然和谐共生作为现代化五大重要特征及九个本质要求中的重要方面。在这一理念的指导下，中国式现代化形成了以绿色低碳发展为实现途径，以环境污染防治为重要保障，以美丽中国建设为目标追求，以"五个文明"协调发展为总体布局。在2023年7月17日召开的全国生态环境保护大会上，习近平总书记强调，今后五年是"美丽中国"建设的重要时期，要深入学习贯彻新时代中国特色社会主义思想，坚持以人民为中心，牢固树立和践行绿水青山就是金山银山的理念，把建设美丽中国摆在强国建设、民族复兴的突出位置，以高品质生态环境支撑高质量发展，加快推进人与自然和谐共生的现代化。

（二）人与自然和谐共生理念的发展实践

中国式现代化，就是要坚持山水林田湖草沙一体化保护和系统治理，坚定不移走生态优先、绿色发展之路。生态环境部环境规划院院长王金南解读说："总书记描绘的图景里，生态是为历史、为未来去做的大事，是对历史负责、对民族负责、对人民负责。"推进生态文明建设，必须正确处理几个重大关系。一是高质量发展和高水平保护的关系，二是重点攻坚和协同治理的关系，三是自然恢复和人工修复的关系，四是外部约束和内生动力的关系。在政策法规及贸易需求等外部约束下，需要激发内生动力，加快推进绿色发展趋势。

在全国范围内，以示范区打造生态文明样板，推动生态文明建设实践有序开展。目前，中华人民共和国生态环境部已经授予七批共572个"生态文明建设示范区"及240个"绿水青山就是金山银山"实践创新基地。这些地区在提升绿色发展水平、创新生态文明制度、繁荣生态文化等方面走在前列。其中，新疆地区已有14个县市获批"生态文明建设示范区"，8个县市获批"绿水青山就是金山银山"实践创新基地。这些区域主要集中在阿勒泰、阿克苏、伊犁、昌吉和生产建设兵团等地，和田地区尚无入选。

在生态文明建设实践中，和田地区还需立足区域地理实际，发挥优势，避免劣势，最大限度地平衡高质量发展和高水平保护的关系，大力促进经济发展和环境保护的协同共赢。

二、历史与现状：和田丝绸业与艾德莱斯产业

桑蚕丝绸是古代中国的伟大发明。早于3000年前，中国丝绸便开始通过被称为丝绸之路的海陆贸易通道向外传播，对世界文明做出了极大的贡

献。古代西域和田（即于阗）是最早学会中原养蚕技术的地区之一，在西域的蚕桑生产及丝绸贸易的传播推广中，和田也发挥着重要作用，为古代丝路重镇。史载，10世纪，于阗的胡锦、西锦在中原大受欢迎，可见古代和田地区栽桑养蚕缫丝织造的盛况。如今，和田桑蚕、丝绸产业的发展依然受到国家的高度重视，是新疆发展纺织业的重点方向。

和田丝绸以艾德莱斯绸为主，为农村富余劳动力提供了宝贵且灵活的就业机会。艾德莱斯绸是维吾尔族制作服装时喜欢使用的土产丝绸，布料一般幅宽仅45厘米，图案纹样有的呈二方连续或四方连续的形式。与常见的丝绸制品的制作工艺主要区别在于缫丝的时段及染色方法。艾德莱斯绸的缫丝在破茧之后进行，以相对较短的蚕丝纤维纺纱织布。采用扎经染色方法，即在纱线阶段就依据纹样设计，逐色分层染色，而后整经、织绸。因此纹样花型呈现出自然的色晕，既增加了图案的层次感和色彩的过渡面，又形成了艾德莱斯绸纹样富有变化的特点。传统的艾德莱斯绸染色采用的是植物染方法，不仅色彩自然绚丽，与自然环境有很好的视觉融合，还有着天然的环保优势。和田市的吉亚乡是艾德莱斯绸的发源地之一和生产基地，享有"艾德莱斯绸之乡"的美誉。全乡艾德莱斯企业生产以作坊为主，大部分零散作坊覆盖整个行政村。在艾德莱斯绸面料生产阶段，采用成衣企业向农户预订，农户采用自家织机进行纺制的灵活就业形式。在成衣阶段则由企业集中组织生产，企业员工平时在工厂工作，农忙时会灵活兼顾农务。

调查表明，1994年和田地区共有6102个村养蚕，有28.6万养蚕户，到1995年达到顶峰，蚕茧总量达4566吨。但1996年后受市场的影响，蚕茧生产量曾出现下降现象。2015年以来，和田地区开始重新规划布局蚕桑产业，截至2019年5月，和田市、和田县、墨玉县、洛浦县区域桑树恢复种植面积为2190.6公顷❶，并有新疆和田蚕桑科学研究所为蚕桑养殖提供技术指导。

---

❶ 曾宪庆，尹晓东：《和田桑蚕及丝绸产业发展的探讨分析》（《轻纺工业与技术》，2020年第49卷第7期，122—123页）。

三、艾德莱斯产业的发展环境分析

（一）生态环境

1. 水资源

和田地区水资源总量为97.41亿立方米，其中：多年平均地表水资源量90.98亿立方米、可利用量47.24亿立方米，多年平均地下水综合补给量31.84亿立方米、可开采量11.71亿立方米，全地区水资源可利用总量为58.95亿立方米。全地区共有发源于昆仑山北坡的大小河流567条，均属冰川融雪补给性河流，多年平均年径流量73.35亿立方米，可利用的河流24条，多年平均年径流量68亿立方米，且年径流量变化较为稳定❶。

但由于地表水时空分布极不平衡，6～8月的径流量占年径流量的74%～90%，且52%集中在和田河流域。河流季节反差极大，夏季洪涝，秋冬严重干旱，春季极为缺水，水资源时空、地域分配不均匀等因素，致使依赖水资源最多的农业发展受到严重制约。

《2021年新疆统计年鉴》❷中显示和田市2020年全年降水总量41毫米，在全疆16个主要城市区域中排倒数第三。同年和田地区水资源总量108.99亿立方米，占全疆总量的13.42%，在12个地市州中排第三（塔城、阿勒泰地区、伊犁州合并计算），人均水资源量4465立方米，略高于新疆人均水资源量3141立方米，排第五（图1）。由于每个区域面积不同，单位面积平均水资源量为4.41万立方米/平方公里，与全疆平均水资源密度持平。全年供水总量42.09亿立方米，占全疆总量的7.65%，人均用水量1724立方米，略低于平均水平2127立方米（图2）。其中农业用水占总用水量的90%以上，与全疆整体水平相近。和田地区供水量占年水资源总量的38.62%，仅为全疆平均值的57%，在12个地州市中排名第十。单位面积供水量1.7万立方米/

---

❶ 资料来源：和田政府网。
❷ 资料来源：新疆维吾尔自治区统计局。

平方公里，仅为全疆平均值的一半。由此推断和田地区的单位面积水资源量及人均水资源量尚可，但水资源的利用率与新疆其他区域相比尚有差距。

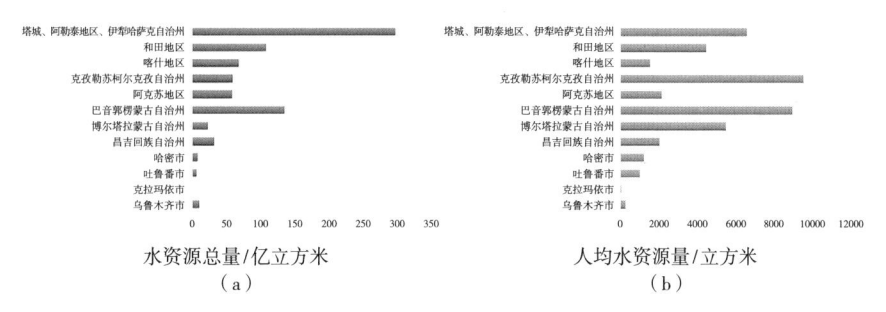

图1 新疆12个地州市水资源总量与人均水资源量

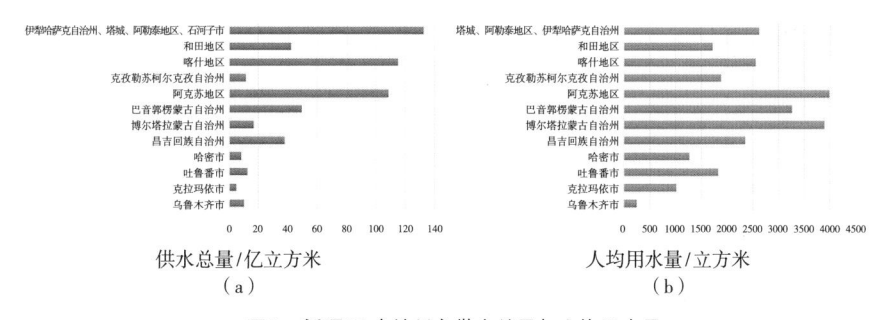

图2 新疆12个地州市供水总量与人均用水量

2. 环境质量

和田地区四季多风沙，每年浮尘天气约220天以上，其中浓浮尘（沙尘暴）天气在60天左右。大气环境方面，《2021年新疆统计年鉴》❶中显示和田市可吸入颗粒物浓度高达332微克/立方米，远高于19个主要城市平均水平133.37微克/立方米，居于首位，比排第二的喀什市高出约100微克/立方米（图3）。同时，细颗粒物浓度达113微克/立方米，明显高于其他城市，可以达到阿勒泰市的10倍以上，与其最接近的城市为喀什，为83微克/立方米（图3）。空气质量优于Ⅱ级的天数比例仅为26.7%，远低于其他城市，不及平均水平的一半。与我国东南地区城市如上海、苏州、杭州

---

❶ 资料来源：新疆维吾尔自治区统计局。

能够达到的约30微克/立方米的细颗粒物浓度，和80%~90%的空气质量优于Ⅱ级的天数比例差距较大。这一现象与其局地气候、地理位置及区域地貌组成极其相关。

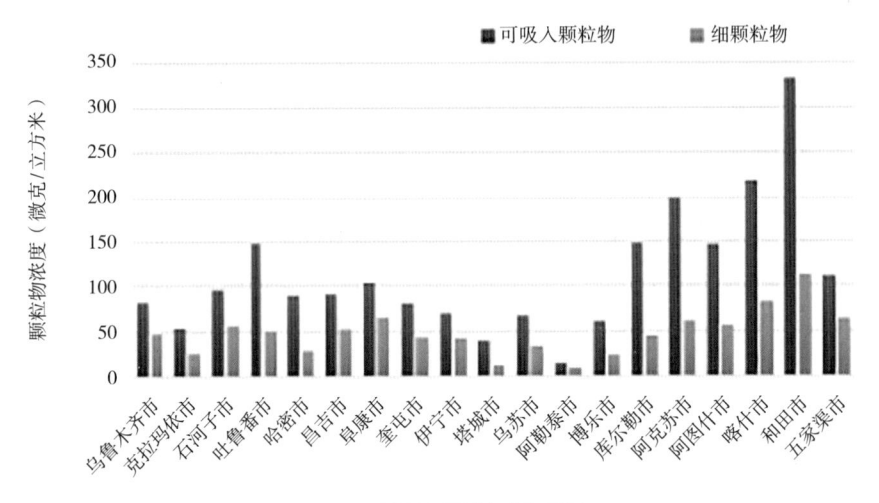

图3 新疆主要城市空气质量

2020年新疆地区废水排放总量约7.72亿吨，工业废水排放量占其中的12.56%。由于纺织服装产业集中于对环境要素水的污染，故而进一步调研工业企业的废水产生情况，以期明晰包含艾德莱斯在内的纺织服装相关产业目前的污染物排放强度占比。纺织业在典型的11大加工制造业中工业废水排放量最低，仅为76.3万吨，占工业废水排放总量的0.79%。其化学需氧量（COD）及氨氮含量占比也微乎其微，不足0.5%。单位废水中的COD和氨氮含量与其他工业相比也较低。这与相关的化学纤维制造业形成鲜明对比，化纤制造业废水排放量占总量的21.63%，其COD和氨氮排放量分别占17.89%和12.5%❶。与化学纤维相比，从一定角度体现出传统艾德莱斯产业以天然丝绸为原料的环境优势。

3. 生态状况

在以环境污染、土壤侵蚀、水旱灾害和生物多样性受损四大维度进行

---

❶ 资料来源：新疆维吾尔自治区统计局。

的生态环境安全评价研究中，包含和田在内的南疆地区被评为"危机"的状态，该区域主要生态环境问题表现在沙化、沙尘、盐碱、干旱和缺水❶。这与我国重要的丝绸之都杭州、苏州所在的长江中下游平原区域有所不同，虽然该区域也处于"不安全"行列，但是问题特征集中在雾霾、碳排放、水污染、酸雨和氮沉降等方面，不安全因素主要不是资源的匮乏，而是质量型缺损。由于该区域生产总值占全国总量的1/4，是我国经济最为发达的地区之一，又拥有相对充沛的水资源量和完备的生态系统，分析其生态环境的安全主要受到发展的威胁。和田地区属于资源型生态环境脆弱地带，本就贫乏的水资源首先应满足农业灌溉的需要，且地下水超采严重。尽管和田地处绿洲地带，但水量的时空分布不均为水资源的充分利用带来了阻碍，且过度的水资源开发也一定程度威胁着下游绿洲的存续。

生态环境安全的程度反映了生态脆弱性，赵跃龙等对我国脆弱生态环境的区域研究划分出了我国生态脆弱地带，这些地带又可以归为七大类型，其中和田地区所在的区域即属于生态脆弱地带的"西北半干旱地区"。有研究发现经济落后地区与生态脆弱带具有很强的相关性，在划入生态脆弱区的国土面积中约有76%的县是贫困县❷。和田地区在过去曾是我国脱贫攻坚最艰难的地方，虽然经过政府和人民的不懈努力取得了显著成效，但仅就新疆而言，人均GDP仍排在最后。生态脆弱地带生态资源的匮乏和环境承载力的低下是影响其发展的一大制约因素。经济落后地区的表层特征是经济贫困，而深层原因是环境的贫瘠。在这些区域，人们不合理的开发利用更容易造成生态环境的恶化，而环境恶化又会进一步反噬经济的发展。所以更需要处理好经济发展同生态环境保护的关系，走人与自然和谐共生的现代化道路。这不仅是人民美好生活的需要，而且是区域真正实现高质量

---

❶ 中国工程院"生态文明建设若干战略问题研究"项目研究组：《中国生态文明建设若干战略问题研究》，科学出版社，2016年9月，183页。

❷ 刘晓靓：《经济落后地区生态环境与经济发展的耦合关系研究》，西北工业大学出版社，2020年9月，7—8页。

可持续发展的前提。

在和田地区经济快速发展的过程中,生态环境问题已经日渐凸显。有研究表明,和田地区经济发展水平和生态环境质量的协调度,已经从2000年初的协调发展,到2010年前的初级协调发展,再到2015年左右的轻度失调衰败类发展。在经济社会发展水平提升的15年间,人均GDP增长约6倍,而生态环境质量的协调度逐年下降,说明在经济增长的同时,生态环境质量变差。在接下来的高质量发展中,需要处理好与高水平保护的关系。

(二)政策环境

1. 对纺织服装产业发展的支持

近年来,和田积极鼓励纺织服装产业的发展。不仅因为有着良好的产业传统,还因为纺织服装产业属于劳动密集型产业。一方面,以此解决就业问题,增加人民收入,促进民族团结;另一方面,积极开展以制造业,而不是服务业带动就业和区域发展,通过工业化带动城市化。通过劳动密集型产业的发展,同时解决脱贫攻坚和民族团结问题。

从整个新疆来看,《新疆维吾尔自治区国民经济和社会发展第十四个五年规划和2035年远景目标纲要》提到,要坚持把发展经济着力点放在实体经济上,全面提升新型工业化发展水平❶。在加快推进传统行业转型升级的过程中大力发展纺织产业,同时促进产业链向服装等终端产业延伸。在和田地区尤其注意推动纺织服装在内的劳动密集型产业和外向型产业集聚区的发展。

《和田地区国民经济和社会发展第十四个五年规划和2035年远景目标纲要》的发展思路指出,要大力发展农副产品精深加工、鞋袜生产、纺织服装、假发制品、电子装配、文化旅游、商贸物流七大产业❷,其中纺织服装行业排第二。促进纺织服装产业集聚发展、规模发展,提高经济发展质量效益

---

❶ 资料来源:新疆政府网。
❷ 资料来源:和田政府网。

和核心竞争力。在劳动密集型产业的规划中做大做强纺织服装产业。规划到2025年，全地区棉纺纱锭规模达到40万锭，服装产能达到4亿件，袜业产能达到5亿双，纺织服装产业带动就业3.1万人，并加快纺织服装等轻工产品出口加工基地的建设，积极参与国内国际双循环。

2. 对生态环境保护的支持

绿水青山就是金山银山。天蓝地绿水清的"美丽新疆"是新疆地区"十四五"规划的美丽愿景，也是实现中国式现代化的生态蓝图。在新疆"十四五"生态环境保护规划中强调需要加强包括纺织印染在内的六大行业的污染物，尤其是新型污染物的风险防控。

《和田地区国民经济和社会发展第十四个五年规划和2035年远景目标纲要》的发展思路提出包括生态综合治理在内的六大任务，设立了包括生态环境质量更加提升在内的发展目标。计划到2035年生产生活方式绿色转型成效显著，能源资源开发利用效率大幅提升，能源消耗、水资源消耗、建设用地、碳排放总量得到有效控制，生态保护修复机制基本形成，山水林田湖草沙系统治理更加有效，生态安全屏障更加牢固，城乡人居环境明显改善，和田天更蓝、草更绿、水更清。规划中也表明由于和田地区的环境气候条件特殊，需要因地制宜地发展，紧抓机遇、发挥优势、补齐短板。

（三）商业与贸易环境

1. 进出口环境

根据《2021年新疆统计年鉴》对进出口贸易情况进行分析[1]，乌鲁木齐、伊犁哈萨克自治州及博尔塔拉蒙古自治州的进出口额占新疆全域进出口总额的近80%，和田地区仅为0.68%。有研究表明从2013年到2022年，新疆进出口总值从1708.1亿元增长到2463.6亿元，仅2023年前8个月新疆外贸进出口增速即达全国第二，呈现快速发展的趋势。对出口贸易情况进行调查发现，

---

[1] 资料来源：新疆维吾尔自治区统计局。

在统计的30种主要出口商品中，衣着及衣着附件、鞋靴、纺织纱线织物及其制品、纺织原料等相关产品分别占总出口额的比重为21.8%、7.23%、4.74%和0.03%，其总和仅次于排名第一的机电产品，其中衣着及衣着附件原本就居于单项第二。在进口贸易中衣着及衣着附件所占份额为0.17%，排第18名。纺织纱线织物及其制品、纺织原料占比分别为0.69%和1.18%。鞋靴未列入前30种商品。相关类别占比总计2%。说明服装相关产品基本不依赖于进口，且国外出口市场较好。

2. 艾德莱斯的生产与销售

艾德莱斯服装曾经作为贵重传统服饰被维吾尔族人民喜爱。近年来，越来越多的设计师和企业进行服装现代化、大众化探索，被更多的人群接受。诸如电商、新媒体传播形式，拓宽了国内外市场。艾德莱斯产品的推广不仅起到促进经济发展的作用，而且作为一种符号对新疆的民族文化、传统风俗加以传播。

目前，吉亚乡有艾德莱斯绸生产企业7家、合作社4家，从事家庭式艾德莱斯织绸专业户668户，艾德莱斯织机765台，艾德莱斯绸产业实现从抽丝、染丝、织布到服装、实体店、网络销售的完整产业链。产品远销新疆内外，2022年产值超3000万元。企业方面仅以新疆巴郎赞商贸有限公司为例，采用新媒体电商销售渠道，2023年上半年通过抖音直播销售额已达约22万元。产品市场包括新疆、河南、广东、山东、浙江、江苏、北京、河北、陕西和四川等省份，其中新疆地区销售额占比近88%。其受众人群多为女性，约占78%，目前正逐步拓宽受众范围，提高男性群体的接受度。从年龄范围来看，31~40岁人群占比最多，近40%，其中35岁以下约25%，其次是50岁以上人群，占20%。群体年轻化的趋势，一方面反映了艾德莱斯产品接受度的年轻化，另一方面可能与电商这一新销售形式的适用人群较为年轻有关。

从供需关系来看，国内的艾德莱斯产品主要市场在新疆本地，由于其地理位置和文化风俗的特点，随着共建"一带一路"国家的合作交往加强，或可拓宽邻近的中亚市场。随着国际上对产品环保性、原料追溯及碳减排的要求提升，未来可能会面临对于企业的相关标准、绿色标签认证的要求。随着产量的提升，产业绿色环保、能耗节约及低碳发展的问题将会日益凸显，需要及时注意衡量和调整工艺的可持续性。

四、艾德莱斯产业各环节的可持续性分析

（一）原料获取

对于丝型原料的获取，虽然自2015年以来，和田重新规划布局蚕桑产业，但由于和田桑树种植、桑蚕养殖仍在逐渐恢复中，目前企业生丝原料全部从江苏、浙江一带购进，运输成本较高，制约因素较多。对于这一问题的解决，一方面，致力于桑树的恢复，另一方面，蚕桑科学研究所研发出新型蚕饲料，可以不完全依赖于桑树，并且以更科学的营养搭配，促进家蚕的质量及蚕丝质量、产量提升❶。

调研中了解到，近年来随着艾德莱斯产品需求不断增多，消费者对产品质量、花色提出更高要求，结合企业产品成本的约束，部分企业开始推出棉型、化纤型原料产品，仅保留艾德莱斯的染织工艺，体现传统纹样特色。但是非丝绸原料，尤其是化纤原料的选择，在产品生产过程的能源资源利用、环境污染和碳排放等方面都会面临更大的挑战。

（二）染色纺织

印染工艺是纺织行业中重要的加工工艺，印染工业本身就依赖于对水资源的消耗，化学染色法更是水污染的重要贡献者。首先，印染过程中需要大量的水用于染色、漂白和清洗等环节，导致水资源大量消耗。同时，印染废水含有染料、助剂和重金属等有害物质，直接排放到水体中会导致水质

---

❶ 资料来源：中国喀什网。

污染，对水生生物和水生态系统造成破坏。据《2017/2018中国纺织工业发展报告》显示，我国纺织企业有20187家，纺织品服装出口达1157亿美元。纺织工业的年耗水量达95.48亿吨，纺织工业中70%的废水排放来自印染行业。

艾德莱斯采用扎经染色制成，与传统丝绸不同，为先染色后织布，因此呈现出其独特的纹样魅力。传统艾德莱斯染色采用的是植物染工艺，常采用藏红花、茜草、核桃皮、槐树花等植物进行染色（图4），包括天然矿物染料。天然染料印染工艺是典型的纯天然工艺技法，较为契合现当代绿色低碳、节能环保的大趋势。

图4 部分植物染原料（由左到右：藏红花、槐树花、茜草、核桃皮、石榴花）❶

随着现代消费者需求的提升，且对花色的要求更加多样，目前传统的艾德莱斯染织工艺不能完全满足需要。因此，在调研中发现有相当一部分艾德莱斯产品采用了现代工业染色的方法。同时化纤类原料的使用也给染色过程增加了难度。因此，随着化学染色工业规模的快速扩大，将不可避免地加大生态环境的压力。需要引入绿色印染工艺，控制印染过程中的水环境污染。

（三）设计成衣

艾德莱斯绸拥有丝绸轻薄、透气、吸湿、防晒等优点，对于气温相对较高的和田地区而言，是一类较舒适的面料。但是丝织品也有使用中娇贵、难打理的弊端。在设计成衣阶段需要针对其特点，研究出能够延长其使用周期的设计呈现方式。同时结合零浪费设计、旧衣再造的设计手法，避免资源的浪费。重视边角料等废纺及消费者废弃的旧纺的再利用。

---

❶ 拍摄于和田市吉亚乡吉亚丽人艾德莱斯绸有限公司"艾德莱斯染业"展示厅。

除此之外，现今随着纺织技术的不断进步，老旧的织机的更新换代也是提高生产效率、节约生产能耗的一大途径。随着虚拟设计及自动化成衣的推动，未来该技术在和田的引入，也将极大地解决制衣的时间、人力物力及原料资源成本等方面存在的问题。

（四）销售运输

由于和田地区地处南疆，无论对于原料采集还是产品输出，交通问题一直是制约区域经济发展的一大因素。党的十八大以来，地区交通运输事业飞速发展，于田万方机场通航，和若铁路建成通车，吐和高速运行，国道315线民丰至洛浦高等级公路通车等，为地区经济社会发展带来了前所未有的机遇。

除了交通的发展，产业本身也需要在此基础上进一步提升运输效率，节约销售成本。一方面，供应链的优化和成本控制，随着产业集约化进程的推动，会迎来新的转机；另一方面，国内着重发展新疆市场，国外重点发展相邻的中亚市场，是体现地理位置优势，从运输成本上节约资源，并且减少碳排放的重要途径。

五、人与自然和谐共生：中国式现代化实践与艾德莱斯产业发展

（一）强化绿色发展意识

从国家政策、地区规划，到企业的社会责任，以及年轻一代消费者的购买意愿，都有对绿色环保、可持续发展的不同程度体现。在生态文明的发展进程中，无论是约束性的政策法规，社会对"美丽中国"的期盼，还是人民对宜居环境的向往、对高品质服装产品的需求，都要求产业走可持续的绿色发展之路，协调好与大自然和谐共生的关系。并且随着环保产业政策红利的支持、绿色金融的推广，及"双碳"目标的国内外约束和CCER项目的推

行,可以期待和田艾德莱斯产业在绿色发展中将迎来新的发展机遇。

(二)突出降低全产业链的环境成本

目前以艾德莱斯为代表的和田纺织服装业的发展尚未形成足够大的产业集群,虽然人力工资成本比东部地区低,但是区域供应链尚不完善,物流成本高。目前政府政策及经济扶持力度大,但是如果优惠政策红利过期,如何提高自身竞争力是值得考虑的问题。可以通过集约化的方式来平摊、削减各环节的经济成本,同时减少能源资源消耗,降低产品生命周期的碳排放,在全行业全产业链上形成绿色集约、绿色发展共识。

(三)创新探索绿洲产业发展新思路

生态文明建设描绘了绿水青山的美好蓝图,社会活动的方方面面都需要以此为思想指引,聚沙成塔、滴水穿石,促成我国人与自然和谐共生的现代化建设,实现新时代的社会主义及中华民族的永续发展。

和田地区属于水资源局部分布不均、整体短缺的沙漠绿洲区域,生态环境脆弱性强。它的发展需要更加关注生态环境的承载力,走绿色发展道路。作为和田传统纺织服装的艾德莱斯产业,不仅体现着地域文化的传承,还作为劳动密集型产业,为和田疏解就业问题、提高人民收入贡献着力量。但如今的艾德莱斯产业规模尚小,形式较为零散,同时面临着拓宽销路、整体产业链资源优化整合和局部环节环境污染重点治理的可持续发展问题,以及完成减污降碳、提质增效的任务。

实施高水平保护有利于改善生态环境,增进民生福祉,有效降低发展中产生的资源环境代价,进而推动城市实现高质量发展。通常情况下,一个地区的经济社会发展水平越高,人们对美好生活的需求和对地方品质的要求也越高。随着未来和田地区经济社会发展水平的提升,纺织服装产业需要为平衡社会—经济—环境的关系,追求可持续发展目标,实现整体的人与自然的和谐共生贡献更大的产业力量。

参考文献

[1] 董战峰,昌敦虎.加快深化环境经济政策创新与发展,建设人与自然和谐共生的中国式现代化[J].生态经济,2023,39(1):25-30.

[2] 陈莉,袁鑫,王丹丹.人与自然和谐共生:中国式现代化的四重内涵探赜[J].陕西理工大学学报(社会科学版),2023,41(4):1-9.

[3] 关娟娟,郑宣.服装可持续设计研究现状与发展趋势[J].针织工业,2023(1):68-72.

[4] 王子佳."双碳"背景下中国服装产业的可持续发展研究[J].西部皮革,2021,43(24):118-119.

[5] 朱丹丹,徐雪强.绿色纺织供应链及其绿色环节研究[J].价值工程,2017,36(25):96-98.

[6] 赵朝.纺织服装行业发展的环境保护问题及建议[J].印染助剂,2021,38(5):7-10.

[7] 张茜,甄冰.可持续发展视域下纺织服装行业发展中的环境保护研究[J].环境工程,2022,40(7):302.

[8] 姚檀栋,黄建平,徐柏青,等.绿色丝绸之路建设的气候变化科技应对战略[J].中国科学院院刊,2023,38(9):1264-1272.

[9] 王菲.可持续的时尚[J].纺织科学研究,2017(11):44-46.

[10] 师澜.丝绸之路经济带生态环境风险管理研究[D].西安:西安理工大学,2021.

[11] 沈祖建,周海军,柳培文,等.关于新时期印染行业环境治理的难点与对策分析[J].环境保护与循环经济,2023,43(6):99-102.

[12] 马莹.我国规模化蚕桑基地建设现状及发展对策研究[D].镇江:江苏科技大学,2022.

[13] 吕雪.植物印染工艺在服装设计中的应用[J].印染助剂,2022,39(1):13-16.

[14] 卢灿生.中国纺织服装行业经济高质量发展研究[D].深圳:深圳大学,2021.

[15] 刘书轶,朱紫嫄,邱笑笑,等.丝绸产品生命周期环境表现研究进展[J].丝绸,2021,58(11):5-9.

[16] 李怡怡.纺织服装上市企业环境竞争力评价及提升路径研究[D].北京：北京服装学院，2022.

[17] 黄罗以，关晓宇，王越平.低碳纺织经济下印染行业的转型路径[J].印染，2023，49（1）：79-83.

[18] 郝彩，邱笑笑，王晓蓬，等.纺织服装行业可持续发展的量化与评价[J].染整技术，2021，43（7）：1-5.

[19] 曾宪庆，尹晓东.和田桑蚕及丝绸产业发展的探讨分析[J].轻纺工业与技术，2020，49（7）：122-123.

[20] 李吟屏.和田考古记[M].乌鲁木齐：新疆人民出版社，2006.

[21] 李吟屏.和田春秋[M].乌鲁木齐：新疆人民出版社，2006.

[22] 李想.走向社会主义生态文明新时代——人与自然和谐共生[M].长春：吉林出版集团股份有限公司，2016.

[23] 刘晓靓.经济落后地区生态环境与经济发展的耦合关系研究[M].西安：西北工业大学出版社，2020.

[24] 中国工程院"生态文明建设若干战略问题研究"项目研究组.中国生态文明建设若干战略问题研究[M].北京：科学出版社，2016.

和田艾德莱斯产业发展和文化传承的多维思考

寻梁

艾德莱斯是南疆地区一种有着悠久的历史文化的传统手艺、特色产业。它是"丝绸之路上的活化石",是穿在身上的文化,写在身上的历史,在吸纳就业、增加收入、改善民生、促进文化传承及民族团结和推动产业融合发展等方面发挥着重要作用。随着中国式现代化的西部实践不断深入开展,在新疆发展纺织服装产业带动就业战略实施下,新时代和田艾德莱斯的发展,必须以中国式现代化理论为指导,做好统筹规划,充分挖掘其工艺优势、文化底蕴和历史价值,不断开拓创新,增强艾德莱斯文化传承功能和产业发展能力。

一、特色优势:传统工艺与现代技术

(一)传统工艺:优势与问题并存

艾德莱斯作为一种纯手工丝织品,有着近2000年的历史。它色彩绚丽、图案丰富、动静皆宜、品类繁多、工艺精湛,被誉为"21世纪最后的手工业"。[1]艾德莱斯在古代是王公贵族的装饰品或富豪家族用来显示身份的物品,据传那时一两黄金也难购得一尺(1/3米)艾德莱斯织锦。随着近现代社会变革的发生、丝绸产量的增多和人民生活的持续改善,艾德莱斯逐渐走进了寻常百姓家,男士以其做腰带、钱包、领带等,女士穿艾德莱斯做的服装,戴艾德莱斯织的头巾,相亲相爱的男女常以送艾德莱斯腰带或头巾来表达彼此之间的爱慕之情,在维吾尔族婚礼上一般也少不了它。

作为新疆丝绸纺织品的代表,艾德莱斯独特的扎经染色技艺是我国重要的非物质文化遗产,是一种民族文化的物质载体。采用传统工艺制作艾德莱斯,需要经过煮茧、抽丝、扎染、织布等工序,全部纯手工完成,其中核心技艺是扎染。因传统纺织设备限定,艾德莱斯面料基本固定以幅宽45厘米、长6.5米为一匹,成品多以传统服装、服饰用品为主。20世纪60年代,吐鲁

---

[1] 毛雅坤,胡玉康:《少数民族传统手工艺产品的传承与推广策略研究:以和田吉亚乡艾德莱斯为例》(《西北美术》,2017年2月,110页)。

番出土了一件大红染缬,经鉴定年代属4世纪。在新疆地区陆续出土的类似绞缬面料证实了绞缬工艺最迟在4世纪时便出现于西域。这种工艺可以看作扎染技术的前身。

艾德莱斯传统上采用小规模手工作坊式生产,发展至今形成手工分散生产和企业集约生产相结合的生产模式,具备一定的产业化规模。其生产主要聚集在南疆,尤其是和田地区和田市吉亚乡和洛浦县。其中吉亚乡是艾德莱斯技艺重点保护基地和最大产地,占全疆产量6成以上,全乡7000多人从事艾德莱斯纺织业。❶ 除了丝绸工业园和少数较大企业,和田地区大多数从业者如今依旧沿袭传统生产工艺,人们每天手脚并用约能在纺织机前织出3~4米艾德莱斯。

传统的艾德莱斯根据图案及色彩的不同,可分为黑色艾德莱斯、黄色艾德莱斯、红色艾德莱斯、莎车艾德莱斯四种基本类型。艾德莱斯图案素材多来源于人们生活及自然界,最常见的有皇冠、珠子、梳子、木版、热瓦普琴等,还有巴旦木形、石榴形、梨子形等造型,也有链条形、锯齿形等多种几何类型。这些图形组合在一起,体现了维吾尔族人民的民俗文化。当然,上述图案形状并不是照搬照画的,而是在实物基础上根据人的思维想象、夸张而得到的,表现了维吾尔族人民热爱大自然、热爱生活、追求美的心态以及豪爽开朗的性格。丰富的图案和艳丽的色彩,加上极富装饰性,艾德莱斯也为新疆其他各民族所喜爱,成为新疆名片乃至中国的名片之一。

织造艾德莱斯所需大量真丝原料适宜于和田地区自产。该地区昼夜温差大,阳光充足,气候干燥,病虫害少,适合桑树生长,桑叶品质高,非常有利于蚕桑产业发展。同时,和田地区严重干旱、风沙常年存在,植树造林是当地必要之举。桑树根系深,特别是沙地桑生长快,在自然条件下6个月可以长到120厘米以上;耐干旱、耐贫瘠,抗逆性极强,土壤酸碱适应性好,在pH 4.0~9.0条件下都可生长,根能伸向沙地深处吸收水分和营养;有效

---

❶ 赵刚:《浅谈艾德莱斯发展现状、问题及对策》[《农村经济与科技》,2020年第31卷第12期(总第488期),161页]。

固结土壤，叶面蒸发量少；枝条柔韧，不易折断，抗风力强。另外，一亩桑树每年可释放氧气约3000千克，吸收二氧化碳约4100千克，对改善环境和农田小气候也具有显著作用，生态效益突出。在毛渠、路边和沙漠边缘种植桑树，既可以起到防风固沙、改善生态的作用，又能发展多元化蚕桑业，直接带动农牧民收入增长。

但是，自20世纪90年代以来，和田地区桑树大面积被砍伐，养蚕业衰落。目前和田地区上游种桑、养蚕环节严重萎缩，产业链不健全，影响行业发展。现在和田地区艾德莱斯生丝原料、矿物或植物染料几乎全部由江浙一带购进，成本相对较高。

手工业者一般用铁锅或铝合金锅对生丝原料进行扎染。目前部分扎染大户将污水收储在地窖内，待储满后一次性倾倒；大部分个体户的染色废水经过简单过滤，有的不经过滤就排放到自家的院子里或地里。经测算，现在和田地区一年艾德莱斯染色废水高达10多万吨。❶未经过正规处理就随意倾倒的染色废水，对土壤、地表水和地下水造成了危害。目前整个产业基本没有统一的现代印染生产技术及检验检测标准，染料品种选择、配比和扎染工艺全凭师傅自身经验，导致每户产品色牢度、花色质量参差不齐，甚至同家庭、同企业、同批次的产品质量都无法保证完全一致，制约了艾德莱斯产业的发展。

以手工作坊为主的生产方式单体规模小，技术和设计的自主创新能力不足，产品严重同质化，发展上有些停滞不前。改革开放以后，艾德莱斯一度因工业化批量生产的其他纺织品的冲击走向衰落，接近失传，直到政府和国家的干预才从一定程度上挽救了艾德莱斯手工艺的传承和发展。2007年5月，洛浦县申报的维吾尔族艾德莱斯织染技艺入选新疆第一批自治区级非物质文化遗产名录。2008年，该技艺入选第二批国家级非物质文化遗产名录。随后新疆维吾尔自治区开始建立非遗保护产业示范基地，对

---

❶ 赵刚：《浅谈艾德莱斯发展现状、问题及对策》[《农村经济与科技》, 2020年第31卷第12期（总第488期），161页］。

这一工艺进行生产性保护。

（二）发展思路：传统与现代并重

艾德莱斯产业发展到现在，根据染色加工方法可分为手工扎经艾德莱斯和印花艾德莱斯两大类。其中印花艾德莱斯是采用艾德莱斯图案，以现代印染技术对机器编织的坯布进行印花而成。手工扎经艾德莱斯又根据原料和印染加工的不同可分为自然艾德莱斯、纯丝艾德莱斯、混丝艾德莱斯、化纤艾德莱斯四类。

自然艾德莱斯完全采用传统手工艺和流程，它以桑蚕丝为原料织造，以植物的根、茎、叶、花及果实的皮壳等（如石榴皮、核桃皮、红柳根、杏树根、兰草、茜草、红花、槐树花、槐树种子、沙枣树皮、老桑树或核桃树的朽木）和矿物质（如矾绿、石墨或软锰矿）等加工提取的染料进行染色，从缫丝、印染到织造全部采用传统手工加工方法生产，是纯绿色产品。

纯丝艾德莱斯经纱与纬纱虽然都以桑蚕丝为原料编织以现代化学合成染料染色，采用传统的手工加工方法进行生产。混丝艾德莱斯经纱以桑蚕丝为原料，纬纱以人造黏胶丝长丝为原料，采用经面缎纹（经面斜纹）组织，手工扎经，机器编织或手工编织而成。化纤艾德莱斯则全部以人造黏胶丝长丝为原料，仅采用手工扎经染色，以机器编织而成。

纯手工织造的自然艾德莱丝绸，如果产品品质较高，势必引发价格提升，减少中低档消费人群；如果不太注重品质，价格低廉，则产品形象不佳，削弱传统丝织工艺的消费体验和传播能力。由此可见，艾德莱斯的手工生产模式和工业化批量生产模式必须同时协调发展。纯手工生产虽然效率相对较低，但具有更好地调整把控产品性能方面的潜力和优势，而且每一块布料都具有独特性，在文化底蕴和历史情怀方面的体验也更深刻，只要积极做好品控完全可以定位高端需求；工业化批量生产效率高，产量大，产品一致性强，生产成本低，可以定位中低端走量的各类产品。

总的来说，艾德莱斯产业发展就是要坚持发挥传统工艺优势和搞好现代技术加持并重，实行"两条腿走路"——一条腿是传统手工业模式，另一条腿是工业化批量生产模式。要依据两种模式的优势分别设计发展思路，各自做好市场细分和传播定位，形成不同的产品定位和目标客户群体，使艾德莱斯产业在传统与现代交相辉映的发展模式中继续成长壮大，艾德莱斯文化也能传承得更好。

（三）具体应对：传承与创新并行

针对艾德莱斯产业在传统手工生产模式中存在的问题，和田地区首先应落实好《中国传统工艺振兴计划》，在扶持传统工艺工坊、开展传承人群培训、产品提升与市场拓展等方面争取各级财政和政策支持，引导传统手工艺人进一步提升各制作环节工艺水平，既搞好品控，又尽量降低各环节成本，尤其要统筹安排、集中处理，减少手工扎染时对环境的负外部影响，着力提高传统工艺艾德莱斯的有效供给能力和绿色发展水平。

针对艾德莱斯产业在工业化批量生产模式中存在的问题，和田地区应该出台民族特色服装家纺产业发展扶持政策，积极支持民族文化特色纺织品服装企业引进国内外先进的织造设备，增加产品多样性，提高产品品质。同时可以引入创新能力强的丝绸制品生产企业来新疆合作发展，延伸产业链长度。还应当利用国家"一带一路"倡议和"东桑西移""西部大开发"战略发展有利时机，以和田地区相关县市集中生产艾德莱斯的乡镇为基础，加快建设和田丝绸工业园，培育特色产业集群，形成集聚效应。

此外，还可以探索应用创新技术集中彻底解决染色环节污染问题，如以液态二氧化碳作为介质的超临界二氧化碳染色工艺——在超高压（超过二氧化碳的临界压力）的条件下使二氧化碳液化，染料在其中溶解，织物也在其中膨化，允许染料分子迅速、均匀地扩散，染色后减压，二氧化碳气化回收再利用，无须水洗——形成绿色生产的健康发展模式。❶

---

❶ 高召涛，王威强，等：《超临界CO_2喷染方法和装置的研究进展》(《轻工机械》，2021年第5期，1—7页)。

针对20世纪末以来和田地区种桑养蚕大幅退化的现实，未来应该恢复并加大发展新疆生态桑蚕业，降低艾德莱斯原料成本。如今种桑养蚕经济效益实际上较田林果业亩产收益更高。和田地区应该抓住机遇，发挥政策优势，促进桑蚕、丝绸产业的综合加工利用，从种桑（林）、养蚕（农）到缫丝、染色、织绸、加工服装家纺、制作文创产品（工），再到进入市场销售（商），形成艾德莱斯的绿色环保可持续发展产业链，使艾德莱斯成为更加多姿多彩的绿洲名片。

针对丰富图案和纹样、色彩的未来需求，要继续推动艾德莱斯产业创新发展，建立和田地区艾德莱斯图案设计中心，提升设计创新能力和效率；可以举办"新疆艾德莱斯创意设计大赛"，通过互联网广泛传播，鼓励挖掘、培养更多设计人才。要落实好人才规划，用更好的收入、住房、教育、医疗等优惠政策和更宽广的事业舞台，吸引本土走出去的人才回流，引进更多的北疆乃至疆外设计人才进驻和田。产品设计师应该在深入调研、深刻洞悉消费者偏好与市场需求的前提下，基于消费者的需求进行精准定位、创新设计，根据市场细分开发出更丰富多彩、更受消费者欢迎的艾德莱斯产品及衍生品。比如对于青年女性，可以用艾德莱斯布料设计头巾、花裙、花帽、耳饰、背包等；对于男性顾客，可以设计艾德莱斯布料腰带、钥匙链、皮夹、领带等；针对商务客人，利用艾德莱斯图案丰富、色彩艳丽的特点来装扮礼盒，提升产品附加值和传播推广能力；针对本地顾客，可开发如靠垫、沙发套、餐具等易于携带的用于家庭内部装饰的生活用品。

二、文化赋能：产业提升的"文化+"思路

（一）文化资源：深厚底蕴及价值

和田艾德莱斯的历史溯源，首先须从当地养蚕、缫丝的历史谈起。自汉代以来，和田地区便是古丝绸之路的要道，贸易往来十分频繁。据当地县志记载，桑蚕养殖技术于2世纪以后传入西域，而纺丝技术于4世纪传入南疆

地区，西域在唐代已成为繁荣的丝绸产区，唐玄奘西行中也记载了当地养蚕纺织的民间故事。学者依据大量考古和文献资料指出，"早在公元三四世纪，新疆人民就学会了养蚕缫丝、织制丝绸"，并且强调种桑养蚕源于东土。❶19世纪A.H.库罗帕特金的《喀什噶尔》描述："和田的丝绸工业十分发达，除马什鲁甫之外，还生产阿德里亚斯绸、贝卡萨甫、纱衣等丝绸产品。"此处的"阿德里亚斯"即可能为今日的艾德莱斯。❷

历史悠久、多民族聚居的新疆，有着厚重的民族文化传统，各民族民间工艺品种多样、造型各异，反映了各自的审美观念和文化习俗。艾德莱斯黑、红、黄、绿四大主色调恰到好处地搭配其他颜色，以凸显图案、纹格，使其艳丽中不失端庄，飘逸中不失垂感。它整体上色泽十分鲜艳，与沙漠边缘单调的环境形成了强烈对比，穿着起来如彩云飘飘，奇妙浪漫，具有浓郁的民族特色。

新疆处于东西贯通的地理交通要道，与欧洲、中亚、西亚及我国中原地区交往频繁，艾德莱斯实际上是丝绸之路上多元文化的典型代表，是多种文化交融的活化石：首先，植桑、养蚕、缫丝等丝绸生产技术来源于我国中原地区；其次，艾德莱斯的独特染织技术是和田、喀什的一些工匠在学习吸收中亚染织法后结合自己的实践经验发明的；最后，艾德莱斯的花色图案融汇了中国各地和中亚、中东等地的技艺和风格，形成了拥有独特民族风情的服饰文化形态。展开一片艾德莱斯，就是展开了一幅八方文化融合图，充分体现了中华民族多元一体的大格局。

目前我国对艾德莱斯的研究和开发方面，内容多集中在历史渊源、民风民俗、文化价值、工艺手法及其图案在服装、家纺、文创产品中的应用。未来，如果能借助现代工业和信息技术以及先进的设计理念，充分挖掘其独特的历史文化内涵和构图审美风格，艾德莱斯在图案设计和纹样衍生方面会有

---

❶ 唐元超，安然：《"艾德莱斯"是如何火起来的？——兼评新中国成立以来的民族文化政策》[《黑龙江民族丛刊（双月刊）》，2016年第5期（总第154期），126页]。

❷ 寇凌燕：《飘逸永恒：艾德莱斯的过去、现在与未来》（《新美域》，2023年第6期，1页）。

更大的创作和发展空间。

艾德莱斯不仅是新疆民族服饰的代表，更代表着一种能够传承、发扬的精湛工艺和非物质文化遗产。非遗文化和传统技艺是源源不断的创作能量，艾德莱斯扎染技艺服装服饰和文创产品拥有意味深长的奋斗精神、审美情趣和价值融通。艾德莱斯在传承中华优秀传统文化、促进民族团结、繁荣边疆经济和展示中国式现代化、人类文明新形态等方面拥有巨大的潜力和广阔的前景。

（二）发展短板：产业化不足

目前，艾德莱斯在和田地区乃至整个南疆的主要生产方式依然是手工作坊，工业化生产规模有限，品质总体上有待提升。作为重要的传统工艺资源，艾德莱斯的产业化在融入和田地区纺织服装和文旅经济高质量发展中还有很大的提升和进步空间。

目前全疆虽已注册十几种艾德莱斯品牌，但艾德莱斯产品种类系列仍然不够丰富。从调研数据反映的市场潜力来看，艾德莱斯融入"旅游兴疆"战略的文创产品开发需要进一步拓展和深化。根据基本功能进行分类，文创产品有装饰保护用品类、生活日用类、文具学习用品类、健康理疗类、数码电子产品类、娱乐产品类、服饰与佩戴饰品类等。艾德莱斯目前已经开发的文创产品有服饰与佩戴饰品类（长裙、旗袍、晚礼服、帽子、丝巾、鞋子等）、生活日用类（雨伞、背包、箱包、抱枕、扇子、餐具、杯垫）、文具用品类（笔套、笔记本封面）、装饰保护类（用于出租车内部装饰、巴扎商贩摊位装饰）。可以看出，艾德莱斯目前总体来说还是产品规格单一，应用面窄。艾德莱斯绸文创产品在和田地区文旅行业市场细分仍然不够，针对不同群体的特点进行开发设计不足，不能很好地识别目标客户。

随着21世纪中国网络基础设施的飞速发展，艾德莱斯绸产业化发展也进入信息时代，"互联网+"的电子商务为产业升级转型带来了新的希望。互联网销售已开始成为艾德莱斯绸产品销售的一种重要方式和渠道，不过目前规模仍然偏小，未来发展潜力巨大。在艾德莱斯产品的市场宣传推广方面，线上、线下多元化开发渠道不够，目前仍然采用以静态展示为主的方式，缺少动态秀、直播展示、比赛交流等动态鲜活的方式，没能很好地与互联网模式有效结合，关注受众人群的体验不到位。

和田地区特种旅游资源得天独厚，是众多游客心中的胜地。昆仑天路、克里雅古道、桑株古道等特色旅游路线，更增加了和田地区特色旅游的吸引力。2022年12月，和田大漠胡杨生态旅游景区被评为"全国沙漠旅游精品目的地"，2023年4月又被评为"中国自驾游旅游目的地"；策勒县昆仑圣境（板兰格景区）2023年4月被评为"全国探险旅游精品景区"。当前和田地区正全力打造"中国特种旅游目的地"品牌：一山（昆仑山）、一沙（塔克拉玛干沙漠）、一俗（特色民俗风情）、一餐（和田美食）、一神话（昆仑神话）；不断加强旅游基础设施建设，打造一批精品景区，推动智慧旅游体系建设，积极培育特种游、低空游、沙漠游、古道游、自驾游、研学游、康养游等旅游新业态，努力打造多元化旅游市场，实现文旅融合，释放独特魅力。艾德莱斯的"公司+基地+合作社+农户+桑蚕生产旅游观光"的产业化经营模式是发展文旅经济的有效方式，应该持续探索和做大，这对于和田地区的创收增收和就业拉动具有很好的效果，能广泛促进人们对这一民族文化品牌产生自信心和自豪感。

从总体现状来看，尽管艾德莱斯及其产品的影响力在扩大，但仅在新疆地区知名度和吸引力较高，在全国相关品类商品市场占有率仍不高，对于国际市场也需要继续开拓。根据张雪丽教授2021年4～5月重点向浙江省宁波市、杭州市民众和新疆阿克苏地区高职院校的纺织服装设计专业和旅游管理专业的师生发放的调查问卷分析，对于新疆艾德莱斯的知晓情况，被调研对象有56.86%没听过，26.96%听说过但没买过，仅有16.18%了解且买过。从调研对象的所在省份来看，新疆外75.17%调研对象没听过艾德莱斯的名称，新疆内了解且买过的人数占比为50%以上。[1] 具有中国少数民族特色的传统

---

[1] 张雪丽，黄平：《基于非遗扎染技艺的艾德莱斯旅游文创产品现状分析》(《浙江纺织服装职业技术学院学报》，2021年12月第4期，74-76页）。

工艺产品已经走进哈萨克斯坦、巴基斯坦、吉尔吉斯斯坦、日本等多个国家和地区，未来还需要继续走向西亚、中东和欧洲市场，扩大国际贸易额，以优秀品质魅力、良好产品形象和强大产业实力提升艾德莱斯市场占有率，进一步开拓国际市场。

（三）"文化+"：提质赋能

《和田市国民经济和社会发展第十四个五年规划和2035年远景目标纲要》提出，要围绕纺织园区提档，加快纺织服装产业转型升级，扶持发展一批自主品牌服装，逐步实现由代工贴牌向自主品牌过渡。以吉亚乡为核心区域，深入挖掘艾德莱斯文化内涵和文化价值，加快促进传统工艺和现代时尚融合发展，打造新疆艾德莱斯织造产业基地。针对艾德莱斯的历史文化优势和工艺发展特点，和田地区可以运用"文化+"的视角，多维度推动艾德莱斯产业进一步优化，实现传统手工业生产模式更加精致化、科学化、时代化，工业化大批量生产模式更加有创新、高品质、有效率。

以"文化+科技"将现代工艺和技术融入传统手工技艺，让艾德莱斯变得更加精致、更具时代性和拥有更强传播力。采用传统工艺制作艾德莱斯耗时较长。工业化时代，一部分手工艺人也可以买进生丝原料，更新织布机器，但最核心的制作环节——扎染仍然采用纯手工方式。吉亚乡1780户村民如果采取这样的模式，每家一天就可以织几匹绸。另一部分依然可以完全保留各项工序的纯手工操作，将艾德莱斯制作的全过程都依托中国工业化的优势进行精准优化和精细管理，降低成本、同时大幅度提升手工制作的丝绸品质。信息化时代，运用互联网技术开展电子商务是艾德莱斯绸进一步开拓国内外市场的有效途径。要有意识地培养适合民族工艺产品线上营销端的直播人才，主要从材质功能、产品设计理念、美好寓意、着装效果等多角度进行讲解推荐，增强对消费者购买产品的吸引力。要积极引进淘宝、京东、拼多多、唯品会等国内知名电子商务平台，努力探索线上、线下结合的销售新模式。可以鼓励旅游电商企业面向疆内外推动艾德莱斯网上定制销售，向游客推荐艾德莱斯农家乐、艾德莱斯文创产品等，培育富民产业链。

以"文化+创意"充分开发好艾德莱斯绸衍生品。随着近年来"文化润疆""旅游兴疆"战略的大力实施，艾德莱斯文创市场前景广阔。和田地区应该发掘和创造更多具有鲜明特色及情感体验的艾德莱斯文创产品。要加大服饰与佩戴饰品类、生活日用类、文具用品类、装饰保护类四个已有序列的文创产品开发力度，进一步增加各个序列的具体产品样式，提升所有产品的质量，丰富价格梯度。同时，要利用艾德莱斯的原料、色彩、纹样和工艺特点，打造更多的产品序列，如数码电子产品类、健康理疗用品类等，以深厚的历史文化底蕴支撑艾德莱斯产业的供给侧结构性改革，催生更大的国内外市场需求。

以"文化+品牌"，将艾德莱斯打造成新疆民族文化品牌。艾德莱斯作为中国极具代表性的民族织物，具有较高的历史文化价值。和田地区应该落实规划要求，在继承传统的基础上，挖掘艾德莱斯文化内涵，对艾德莱斯的文化品牌进行更好的定位，根据市场变化进行调整、发掘和创新，促进产品向品质化、个性化、创意化方向发展。同时在营销过程中，要充分挖掘和宣讲扎染技艺非遗的核心价值，将"故事"卖给消费者。比如做好昆仑文化与和田文脉根系的挖掘梳理，充分借助火爆出圈并登上央视春晚的舞剧《五星出东方》，打造"五星出东方"品牌。目前艾德莱斯服装服饰和旅游文创产品的知名品牌比较少，名气局限在本区域和本民族范围内。究其原因，一是本身产业规模和实力有待增强，二是核心参与者较少考虑市场需求，产品与消费市场的结合度不高。因此，艾德莱斯绸企业要充分做好市场调研和产品定位，可以邀请消费者参与产品设计，注重产品质量和品牌打造，建立公众尤其是目标客户群体对品牌的认知度和信任度。

以"文化+旅游"开发民俗文化旅游，推动艾德莱斯历史文化与旅游经济融合发展，赋予南疆旅游更加直观厚重的文化色彩，以更加现代化、时代化的方式充分展示这项千年传承的生产技术。2023年以来，和田地区旅游产业发展平稳有序，旅游经济稳中有增。据初步统计，1~6月，和田地区累计接待国内游客836.87万人次，同比增长64.58%，实现旅游收入52.38亿元，同比增长58.65%。❶ 和田通过充分挖掘现有的特色文化旅游资源，强调原生态的环境本底、获得刺激的体验、在挑战过程中达到的自我实现，打造差异化文化旅游品牌，满足游客的多样化需求，提高了和田文化旅游品牌的影响力和知名度。和田地区要继续推动艾德莱斯非遗技艺和历史文化与旅游产业融合发展。以艾德莱斯为重点和龙头，进一步加快民俗旅游品牌体系化建设，将桑皮纸、纳克西湾地毯等非遗产品一起融入旅游产品中，推动"非遗+旅游""文化+旅游"深度融合。

以"文化+时尚"的方式，在艾德莱斯产品中融入潮流和时尚元素，将传统文化与现代设计有机结合，设计出既有传统底蕴又有时尚气息的服装服饰、文创产品等，改变原有的生产出来产品找市场的旧思路，直接切合市场的需要，以时尚的产品设计引领市场发展。相关调研中对购买新疆艾德莱斯绸非遗文创产品的可能性进行测试，表示可能会购买的比例达48.96%，表示绝对会购买的比例达12.86%，说明被调研对象购买民族特色手工艺品的愿望还是比较高的。艾德莱斯以色彩艳丽、图案象形著称，调研对象喜欢多彩色的比例最多，占41.91%，其次，喜爱黄色占23.28%、黑色占15.69%、红色占12.99%。另外，不同年龄段、不同职业的消费者对色彩的偏好不同，除多彩色适合所有年龄段、所有职业的需求外，商务人士偏好喜庆的红色，公务员及事业单位职员偏好黄色；30岁以下年轻群体喜欢黑色，31~40岁的女性喜欢黄色，60岁以上老年人喜欢黑色和红色。❷ 考虑不同群体的颜色、图案偏好，可以在服装服饰和文创产品设计中更好地融入时尚元素，发挥民族特色手工艺的时代魅力，进一步完善产业化布局并拓展开发潜力。

以"文化+城市"的思路，可以利用和田三宝——玉石、地毯和艾德

---

❶ 资料来源：新疆维吾尔自治区人民政府官方网站。
❷ 张雪丽、黄平：《基于非遗扎染技艺的艾德莱斯旅游文创产品现状分析》（《浙江纺织服装职业技术学院学报》，2021年12月第4期，74~76页）。

莱斯打造传统和现代相融的和田城市形象。艾德莱斯是古丝绸之路上的重要丝织品,是新疆传统民族技艺的一个闪光点。它以独特的扎染技术、柔软的质地、轻盈飘逸的手感、夸张变形的图案、丰富艳丽的色彩,把新疆歌舞之乡、瓜果之乡、大漠苍黄等极富艺术风韵的特点集中于尺幅之中,已成为新疆维吾尔族服饰的突出代表。它不仅是一项制作工艺,更是新疆民族文化的凝聚,它作为一种特色文化流淌在新疆各民族的血液里,传递着一代又一代人的情感,见证着各民族的发展历史。现代化的街道和建筑配以充满历史文化底蕴和民族文化特色的各种装扮和色彩,沙漠绿洲将呈现古老与现代交融的独特韵味。人们无论是去和田地区观光旅游,还是长期生活,都将在民族特色工艺及其产品烘托呈现的历史文化氛围和丰富、热烈、厚重的色彩感知中深刻认同艾德莱斯等"三宝"的风格特点和时代价值。

以"文化+民俗"的办法,在当地各民族人民的重要礼仪场合——婚礼、节日等民俗活动中,通过艾德莱斯展现绚丽多彩的民族民俗文化,在当地人的体验感和认同感中持续深化艾德莱斯的传播。2015年9月6日,为庆祝新疆维吾尔自治区成立60周年,墨玉县举办了一场名为"真爱永远"的大型集体婚礼,有60对维吾尔族、汉族青年参加了这次婚礼。婚礼上,60位新娘身穿彩色艾德莱斯礼服,新娘和新郎乘坐的花车也用彩色艾德莱斯装饰,艳丽的色彩增添了婚礼的喜庆氛围,也营造了民族特色文化主题的婚礼氛围,为民族文化增添了魅力。❶这样既可以全方位展示维吾尔族等民族优秀的色彩观和文化观,也可以通过艾德莱斯这种民族历史文化和现代价值观念、生活方式相融合、具有浓郁的边疆民族风情和深厚的历史文化底蕴的民族产品,夯实艾德莱斯产业化的群众基础。

---

❶ 左红卫:《"文化+"时代新疆民间传统工艺发展走向:以艾德莱斯丝绸从产品到产业化发展为例》(《新丝路(下旬)》,2015年第12期,162页)。

三、顶层设计规划：美化产业营销形象

（一）精心做好产业规划

长期以来，艾德莱斯产业发展缺乏总体规划和系统指导，在融入国家"文化润疆""旅游兴疆"战略中欠缺中长期发展思路和方法，这是目前和田地区艾德莱斯产业发展潜力不能充分发掘的根本原因之一。因此，和田地区及有关县市应该充分发挥政府的宏观调控作用，指导组建各级艾德莱斯行业协会等行业机构和专家智囊机构，更加主动地谋划艾德莱斯产业发展，同时充分发挥援疆省市政策、专家和本地传承者的作用，专门研讨和制定具体产业发展规划。

和田地区要充分重视党的领导、广大人民群众对美好生活的需求、新疆地区特色、"一带一路"倡议和经济全球化的优势，利用好经济高质量发展和"文化+""互联网+"的时代机遇，大力进行艾德莱斯服装服饰产品和文创产品的再创造和再生产——构建以企业和手工艺人为主体、以市场为导向的技术创新体系，延续好传统工艺的同时，在面料、设计、使用价值上实现产品差异化，既创作品性格局高洁、具有文化内涵的作品，又借助现代科学技术开发出更多高品质、有特色的新品种、新产品、好产品，进而将这项传统民间工艺发展为和田地区有一定规模、有文化内涵的重要产业。

（二）主动营销产品形象

艾德莱斯是新疆历史悠久、特色鲜明、最具代表性的传统纺织品，是国家级非物质文化遗产，是"丝绸之路上的活化石"，是穿在身上的文化、写在身上的历史，在繁荣经济、吸纳就业、增加收入、改善民生、美化城乡以及促进文化传承、民族团结和产业融合发展等方面发挥着重要作用。它不仅承载了新疆维吾尔族传统民族手工艺中的技术和思想精华，而且体现了维吾尔族人民所具有的豪爽与热烈的民族性格。艾德莱斯作为新疆维吾尔族的传统技艺，展现了其独特的民俗艺术之美。它不仅仅是一种服饰材料，更是一

种文化的传承和表达。通过艾德莱斯，我们可以感受到新疆少数民族人民对生活、自然和民族文化的热爱和追求。

和田地区各级政府和相关行业协会、企业和手工业者都要主动通过各种方式和渠道积极宣传、推广艾德莱斯及其产品的良好形象，增强艾德莱斯的文化魅力、产品价值和市场潜力。要加大媒体宣传力度，通过综合运用会议、报纸杂志、电视、网络、移动终端等各种媒体渠道，宣传艾德莱斯传统文化内涵及相关产品形象。

线下推广活动作为深化产品品牌内涵及形象推广的重点，要鼓励引导大型商超设立艾德莱斯产品柜台，组织服装企业和设计师携艾德莱斯产品参加中外文化产业博览会，扩大产品宣传范围，提高产品知名度和影响力。可以借助中国—亚欧博览会、亚欧丝绸之路服装节等会展平台，宣传、推广民族文化与时尚趋势相结合的艾德莱斯文化，将"艾德莱斯出天山"系列活动做成新疆名片。服装服饰设计展、文创产品设计大赛、商场卖场展览活动等均要以消费者尤其是年轻人喜好的体验形式开展，适当利用角色扮演、游戏互动等年轻化的体验形式促进用户与产品互动，使消费者或潜在消费者对艾德莱斯产品和品牌形象有更多了解与认同。

另外，博物馆文创专柜或艾德莱斯产品专卖店应该定期发布产品最新动态，搞好新开发产品的展示及设计理念的传达；利用海报、墙绘、音视频等媒介，坚持普及和宣传艾德莱斯的历史、种类、规格、工艺、品质优势、选材用料等，让消费者直观感受边疆生活、民族特色和文化美感，激发消费者的购买欲望。

四、政策和方向：以中国式现代化引领未来发展

作为新疆少数民族非物质文化遗产，艾德莱斯极具地域和民族特色历史文化与工艺优势，拥有极大的经济价值和时代意义，其产生和发展历程本身就是中华民族"多元一体"格局的形成过程。和田地区应该依托自治区大力发展纺

织服装业和旅游业的契机，积极做好产业规划，主动营销产品和产业形象，将艾德莱斯传统织造工艺与现代科学技术、文化艺术、管理理念相结合。一方面，生产出既能展示新疆地域特色又符合时尚审美的艾德莱斯产品及衍生品，直接满足国内外市场消费需求；另一方面，积极发展桑蚕丝绸旅游文化产业，建立以艾德莱斯纯手工制作、工业化生产创新成果等为载体的集文化体验、观光旅游、科普教育、科技研发为一体的特色生态旅游区。最终，实现将民间工艺、民族文化、民俗旅游跟现代科技、产品设计、文化产业等结合，将艾德莱斯产品推向全疆、全国、全世界，带动和田地区旅游、文化和经济发展。

在和田乃至南疆地区的中国式现代化进程中，在"文化润疆""旅游兴疆"的战略大背景下，在和田地区纺织服装产业发展和特色旅游热潮中，艾德莱斯可以充分利用传统工艺特点、优秀文化底蕴、现代技术加持、产业发展潜力，面向国内外广阔的市场需求，积极优化生产工艺流程，不断提升产品品质，依托现代科技做好传承创新，强化文化和品牌形象，提升产品和行业知名度、美誉度，在和田地区中国式现代化道路上走得更稳、更高、更远，开拓更加广阔的发展空间。各族人民的现代装束散发着传统气息，各族人民的西域情怀伴随着交融的脚步、变化的时尚旋风"牵手"古老的民族风韵，艾德莱斯正在更加自信地走向未来。

参考文献

[1] 华燕群，刘文.新疆艾德莱斯的当代设计与美学价值研究[J].纺织报告，2023，42（6）：34-36.

[2] 寇凌燕.飘逸永恒：艾德莱斯的过去、现在与未来[J].新美域，2023，(6)：1-4.

[3] 图尔贡·艾力.艾德莱斯：新疆乡村丝绸文化研究[D].银川：北方民族大学，2023.

[4] 迪拉娜·扎克尔.艾德莱斯的结构生成及美学价值[J].新疆师范大学学报（哲学社会科学版），2023，44（3）：137-140.

[5] 井一凡, 乔宏威, 木拉丁·约瑟尔, 等. 艾德莱斯宽幅化生产工艺探析[J]. 丝绸, 2023, 60（3）: 54-59.

[6] 井一凡, 木拉丁·约瑟尔, 乔宏威, 等. 双面艾德莱斯织造工艺及设备的探索与实践[J]. 丝绸, 2022, 59（11）: 17-25.

[7] 阿不都热西提·买买提, 王新丽. 艾德莱斯元素的传承、创新与运用探讨[J]. 纺织科技进展, 2021（8）: 50-53.

[8] 艾克拜尔江·艾尔肯. "一带一路"背景下中华优秀传统文化产业创新发展方式研究——以新疆和田维吾尔族"艾德莱斯"丝绸为例[J]. 商讯, 2021（3）: 125-126.

[9] 赵刚. 浅谈艾德莱斯发展现状、问题及对策[J]. 农村经济与科技, 2020, 31（12）: 161-162.

[10] 白莉, 唐努尔·库尔西, 王翔. "一带一路"背景下新疆艾德莱斯产业创新发展策略研究[J]. 文化产业研究, 2018（1）: 86-97.

[11] 王铭茜. 维吾尔族艾德莱斯的研究与应用[D]. 天津: 天津工业大学, 2018.

[12] 张莉, 任晓莉, 宿伟. "艾德莱斯"元素与现代服饰设计的融合创新[J]. 艺术生活——福州大学厦门工艺美术学院学报, 2017（5）: 54-57.

[13] 毛雅坤, 胡玉康. 少数民族传统手工艺产品的传承与推广策略研究——以和田吉亚乡艾德莱斯为例[J]. 西北美术, 2017（2）: 108-112.

[14] 唐元超, 安然. "艾德莱斯"是如何火起来的？——兼评新中国成立以来的民族文化政策[J]. 黑龙江民族丛刊, 2016（5）: 124-130.

[15] 曹立中, 张如蓉. 试析新疆维吾尔族艾德莱斯的时代价值[J]. 喀什大学学报, 2016, 37（4）: 56-58.

[16] 左红卫. "文化+"时代新疆民间传统工艺发展走向——以艾德莱斯丝绸从产品到产业化发展为例[J]. 新丝路（下旬）, 2015（12）: 92-94.

艾德莱斯纹样的文化内涵与功能

迪拉娜·扎克尔

国家级非物质文化遗产艾德莱斯是中国传统文化的瑰宝。它以特殊的扎经染色工艺和色彩斑斓的抽象图案而闻名,深受新疆地区各民族群众喜爱。历经积累、创作和再创造,慢慢积淀和传承下来的艾德莱斯纹样,映射着新疆地区的历史文化、信仰崇拜、地域环境、民俗习惯。艾德莱斯纹样设计,以程式化、构图简练为特点,内容上遵循了我国传统纹样"图必有意,意必吉祥"的原则,赋予其更多的文化内涵和吉祥寓意。深藏在艾德莱斯艺术表征背后的文化内涵和人文精神,体现出新疆各民族的文化审美积淀,是艾德莱斯具有不朽艺术魅力的根本所在。

一、艾德莱斯经典纹样及特征

艾德莱斯纹样题材包罗万象、变化百出、种类繁多。艾德莱斯承载着我国服饰纹样大量的文化信息,这些信息所体现的象征性、装饰性和寓意,可以从符号学的角度予以解读。这些自然真切的具象纹样和超现实艺术感的抽象纹样,分为自然现象类纹样、几何图案类纹样、动物特征类纹样、植物类纹样、果实形态类纹样、珠宝首饰类和物品器件类纹样等。

(一)几何图案类纹样

纵观艺术史,几何类纹样是历史最悠久、应用范围最广泛的一类纹样,可以追溯到新石器时代,直到今天依然流行。艾德莱斯几何纹样的原型取自生活中的各种形态,通过写意、写实、变形的表现手法,以点、线、面为主体形象,将各种圆、方、三角有秩序地放入组织,并运用组合、交叉、变异、套叠等方式有序排列而成。部分学者认为,艾德莱斯几何纹样的形成受到了伊斯兰装饰艺术的影响。实际上,在原始时期,人们就开始用三角描绘山脉,用圆圈代表日月,用波浪纹模仿水波,用简化写实的方式描绘大自然。据考古发现,新疆地区史前文化的彩陶以及不少佛教传入时期的遗留之物上就出现过三角纹样、折线纹样、网络纹样、菱形纹样、曲波纹及莲花纹的组合图案，这些纹样以二方连续或四方连续的方式使用❶。艾德莱斯中的几何纹样也是如此，它以图腾、植物、动物等具象为依据，通过写实演变而来，蕴含了丰富的文化含义。三角形、长条形、曲折形、圆形、水波形、菱格形也是艾德莱斯最常见的几何类纹样，它们分别是山、河流、火、日月、水滴、洞窟等自然万物的符号化、抽象化概括。将这些简单的几何图形用长短、粗细、横竖、交叉等方式进行有规律变化的排列，经过变形、扭曲、叠加、重复进而形成美轮美奂的艺术创作。几何类纹样既可以单独使用，也可以配合其他纹样一起使用，形成布局均匀、层次饱满、疏密适宜的艺术形式，寄托了人们对大自然的崇拜和对美好生活的愿景（表1）。

表1 几何图案类纹样

纹样分类	纹样名称	纹样形态	纹样象征（部分推测）	纹样	原型（部分推测）
几何图案类纹样	菱形纹样	横向、竖向、交叉排列	无		
	长条形纹样	竖长条延伸、作为框架可填充其他纹样	无		
	圆形纹样	可做主题纹样或填充纹样	光		
	锯齿纹样	波动时的折线上下起伏	不可撼动的精神力量，坚定的意志		

1. 菱形纹样

在新疆，早期铁器时代，菱形纹就已出现在彩陶上，是新疆典型的彩陶纹饰❷。菱形格也大量地出现在新疆的石窟壁画中，后来慢慢应用在了服饰元素中。1世纪，佛教通过丝绸之路从印度传入我国西域，龟兹作为佛教传入中原的重要桥梁，创建了中国规模较大的佛教石窟。佛教徒们在壁画中彩

---

❶ 王嵘：《西域艺术史》，昆明：云南人民出版社，2006年。

❷ 同❶。

绘了大量的菱形格图案，在龟兹的236个石窟中，菱格图案就占了60多个❶。龟兹壁画中出现的每一个菱形格，都蕴含着因缘、佛转、本生等佛教故事情节。龟兹壁画中用连续组合的菱形来表现连绵起伏的山峦景象，用优美山林和幽静山谷来描述僧人们冥想的禅修胜地。壁画中的菱形纹是特定时期西域佛教文化演变而成的，每一个菱形纹讲述了一个佛教故事，使佛教壁画充满故事性和装饰性。

菱形纹样深受新疆当地人们的喜爱，常以四方连续的手法出现在彩陶、毛织品、地毯，以及艾德莱斯等各类民族工艺品的设计上。艾德莱斯菱形纹样，可以是独立的装饰几何图案，也可以作为边框衬托着菱格内的其他纹样，具有无始无终无限重复的艺术效果。

2. 长条形纹样

长条形是最普遍的几何纹样，制作新疆传统男士服装用的码什鲁布织物的图案就是用不同宽窄的长条组成的。距今3000年前的哈密市五堡墓地以及吐鲁番阿斯塔那古墓群出土的大部分服饰中都有条纹元素。

艾德莱斯上的长条纹样作为划分不同部位的"分界线"或装饰图案的"边框"纵向延伸，仿佛在有序的规范中投射出自由灵动的和谐精神，任何纹样都可以填充在长条形纹样中。莎车的艾德莱斯就是典型的例子。

3. 圆形纹样

原始宗教以万物有灵为宗旨，用圆或椭圆来表达对日、月的崇拜，满足人们内心的精神需求。太阳可以驱走严寒，给大地带来生机。因此，在原始宗教的渲染下，生命与太阳联系在了一起，使太阳变得至高无上，祭祀日神成为祭祀活动中的重要内容。亚欧草原游牧民族用圆形图案表达对太阳及太阳之光的崇拜，并将其置于艺术作品的最高位置❷。连珠纹是波斯萨珊王朝流行的纹样，它沿着丝绸之路经中亚传入我国，成为传统几何纹样之一，具有

---

❶ 周菁葆，孙大卫：《新疆壁画中的图案艺术》，乌鲁木齐：新疆美术摄影出版社，2013年。
❷ 张冠男：《传统民间图案的美学意蕴与设计指向——以鹿石图案为例》(《艺术百家》，2020年第4期)。

圣光、圆满、太阳光辉的放射等寓意,是太阳的象征❶。连珠纹曾一度在我国一些地区流行,常作为装饰纹样用在器皿、织物和建筑装饰中,克孜尔第60窟的装饰图案就是由连珠纹组成的。可见,中华民族用自己包容万物、海纳百川的开放气度创造了艺术风格多元化的繁盛局面。圆形、椭圆形图案也常用在石窟壁画中的佛像装饰上,通常用圆形代表佛的头光,有时用椭圆形象征佛像大身光。目前,还没有文献说明艾德莱斯中的圆或椭圆形纹样与上述解释有直接关系。但笔者认为,其内涵一定具有某种艺术上的象征意义。

在艾德莱斯整体分布中,圆形或椭圆形纹样作为填充纹样,与其他纹样组合为新的装饰纹样,或者作为主题纹样,周边安插其他纹样连续排布。艾德莱斯圆形纹样组合排列,看起来圆润、和谐,兼具向外的放射性张力和向内的凝聚力,起到构图平衡的作用。

4. 锯齿纹样

锯齿纹样是连续的折线纹样组成的,也称山纹样,最早出现在早期的彩陶上。因特定的地理环境,新疆各族群众的社会生活与山脉密切相关,使人们对山充满敬畏。以山为原型,上下起伏的折线既有韵律美又具有十足的灵动感。新疆传统的帽子结构也是以山的造型为基础,象征着坚定的意志和不可撼动的精神力量❷。有学者认为,连续的三角纹样构成的锯齿纹样象征着女性符号,是原始生殖崇拜的体现❸。人们通过想象给简单的几何纹样赋予深刻的寓意,使物品更具有艺术文化价值。

(二)自然现象类纹样

新疆南部到处是戈壁沙滩,北部布满森林草原,周围环绕着冰山雪峰。缘于此,传统艾德莱斯中必然会有带有大自然元素的独特装饰纹样。这种人

---

❶ 卢科宁·弗拉基米尔,伊万诺夫·阿纳托利:《波斯艺术》,重庆:重庆大学出版社,2021年。
❷ 艾尔西丁·若孜,单小红,夏克尔·塞塔尔,等:《新疆维吾尔族传统帽子的结构分析》(《纺织学报》,2015年第36期)。
❸ 魏久志:《新疆彩陶研究》,乌鲁木齐:新疆美术摄影出版社,2013年。

文精神和价值追求的再现，是中华古代"天人合一"哲学思想的体现（表2）。

表2 自然现象类纹样

纹样分类	纹样名称	纹样形态	纹样象征（部分推测）	纹样	原型（部分推测）
自然现象类纹样	水滴纹样	上端尖、下端宽阔，外部线条看起来像梨	"滴水穿石"坚持不懈的精神，自净		
	水波纹样	水的激流形态	生命，纯洁		
	火焰纹样	由几层向上弯曲的波形线条组成	光明，洁净		

1. 水纹样

水是一切生命之源，它滋养着万物，人类自古以来对水充满了感恩、敬畏之心。我国先民自古以来与水和谐相处，以传说、诗歌、哲学思想观念等方式表达对水的敬意，并形成了水文化。中国古代五行学说中，宇宙万物是由五种元素构成的，其中水是基本元素之一。古希腊哲学中的"四元素说"中也包括水元素。《易经》中，"坎"代表"水"，用来推算出事物的部分运作规律。老子在《道德经》第八章里形容水是"上善若水，水善利万物而不争"，提倡人们应该像水一样不与万物争高下，造福万物。可见，水文化深深扎根于中国传统文化精髓，已融入中华民族传统纹样的设计创造中。水纹样在新疆的艺术创作活动中占据主要位置，除受中原文化的直接影响，也与早期传入的祆教有一定关联。祆教与新疆地区早期原始信仰中的自然崇拜很相似，崇拜对象有日、月、天、地、木、土、水、火❶。此外，新疆作为中国主要的干旱地区之一，水成为生活在当地居民最珍惜的自然恩赐。水不仅可以维持生命、滋养万物，还可以用来去除身上的污垢。当地人用水纹样来表达洗涤心灵的污秽，使自己的精神得到净化。传统水纹样分为水滴纹样和水波纹样，象征着生命、自净、纯洁等深刻的寓意。

水滴纹样的造型起源于水滴的自然形态，外部线条看起来像梨，常以左

---

❶ 周菁葆：《西域祆教艺术》(《西域研究》, 2010年第1期)。

右二方连续排列,与飘逸的流苏纹样组合搭配使用。水不仅赋予万物生命,也是启迪人们的智慧和真理之光。艾德莱斯水滴纹样,呈现了新疆各族群众对水的礼赞和感恩之心,以及"滴水穿石"的坚持不懈的精神。

水波纹样造型来源于水波浪花的起伏涨落、水的激流形态,是河流的自然写生。浪花纹样整体看起来就像大海中的漩涡和翻滚的海浪,仿佛滔滔河水流之不尽、浪花四溅,因此,水波纹样又称"浪花四溅纹样",是最古老的装饰纹样之一。浪花四溅纹样最早出现在彩陶中,后来常用在地毯和艾德莱斯的纹样装饰上。在纹样设计上,水波的浪花纹样线条婉转流畅、曲线排列有序、结构连贯、气韵生动。在艺术表现形式上,常用连续几个大小不同的等边菱形,通过二方连续上下展开重复,也有四方连缀格式向外展开构成,给人无限延长伸展的视觉感受。

2. 火焰纹样

对火崇拜的观念是远古人民们的精神留存。火可以用来照亮黑暗、烹饪、取暖、驱赶野兽,也具有瞬间吞噬一切的力量,使古人对火产生了敬畏之心。艾德莱斯火焰纹样是太阳的标志,也代表火本身,象征着光明、希望和生机。就像水纹样,东西方哲学思想都认为火是构成宇宙的基本元素之一。生活在新疆地区的先民对太阳和火焰的崇敬,与萨满教、摩尼教、祆教、佛教都有着密切关系。在萨满教文化中,火作为神圣和洁净的天神,可以净化污秽、驱赶鬼邪、驱散黑暗,在祭祀活动中扮演着重要的角色。火也是祆教的崇拜对象,象征着创造和光明。摩尼教认为,宇宙和世间万物是由代表光亮与真理的善和代表黑暗与谬误的恶组成的,并用火焰纹象征着洁净、光明和善良。随着佛教传入中国,佛教画师将火焰纹作为佛教壁画中的辅助纹样,体现佛的威严和神圣。敦煌莫高窟壁画上记载了宝珠火焰纹、背光火焰纹等多种火焰纹样,象征着佛光普照四方。

随着时代和社会的发展,人们对自然的认识不再满足于神话世界观,但对火的崇拜意识一直流传于民间,并体现在社会风俗的许多方面。例如,在维吾尔族的传统婚俗里,新娘必须坐在毯子上,跨过圣火。当地人认为火石击出的圣火可以治愈小孩头上的疮❶。在现代社会，人们逐渐摒弃封建迷信，把其代表的文化寓意转换为艺术语言，融入装饰纹样中。火焰纹样作为艾德莱斯传统纹样中常用的装饰纹样之一，象征着洁净与光明。它由几层向上弯曲的波形线条组成，以左右二方连续方式排列，呈现一种灵活的流动美。

（三）植物果实类纹样

植物的弯曲线条流畅而富有韵律感，是自古以来最常用的装饰手法。尤其是生活在沙漠绿洲的民族，格外热衷于以植物为题材进行艺术表现。因此，无论在哪个时代，植物纹样在新疆服饰文化中一直保持着重要的地位。当地人以各种植物的枝、叶、蔓、果实等为原型，经过提炼、加工、改造后，形成的几何化、抽象化、图案化艺术形式，表达人们对生命和绿色的向往。艾德莱斯果实类纹样主要源于巴旦木、石榴、梨等新疆特色水果，是新疆"瓜果之乡"这一美称的转译，给艾德莱斯注入律动的韵致和生命力（表3）。

表3　植物果实类纹样

纹样分类	纹样名称	纹样形态	纹样象征（部分推测）	纹样	原型（部分推测）
植物果实类纹样	树木纹样	用直线表示树枝，用曲线装点树叶	顽强的生命力		
	花卉纹样	用不同的几何图形表示花冠	无		
	巴旦木纹样	头部圆润、尾部卷曲成尖	生命的种子，繁衍、重生		
	石榴纹样	造型精巧圆润，头部弯曲而上，凹凸有致	多子多福、和睦和谐、繁荣昌盛		
	梨纹样	外形看起来像心形	无		
	葫芦纹样	两个大小圆连接在一起	和谐美满、子孙兴旺		

---

❶ 阿合买提江·艾海提：《西域拜火习俗的文化理解》（《西域研究》，2001年第3期）。

1. 树木纹样

古埃及人、两河流域的苏美尔人、亚述人及波斯人都有对圣树崇拜的习俗，这种原始信仰以生命树纹的艺术形式出现在西亚、中亚的纺织品中A。萨满教是生活在我国新疆地区的先民古老的信仰，而神树崇拜是萨满教众神崇拜的一种类型。树木纹样的产生与当信仰文化中关于生命树的说法有一定关联B。古人认为生命树是一切生命的根源，是通往天堂的天梯，人们对树的崇拜情结逐渐升华为一种民族图腾。至今，尼雅沙漠深处的树丛中，到处可见树上挂着羊皮、羊头和各色布条等树崇拜的行为。在西域广泛传播的摩尼教中，树曾充任重要的象征符号，活树代表光明，死树代表黑暗。在柏孜克里克石窟的第25窟壁画中，绘有生命树 光明树和数十名跪拜的摩尼教圣徒的壁画C。在柏孜克里克石窟的第38窟壁画中，描绘着信徒和诸神正在向一棵盛开巨大花朵的硕果累累的生命树礼拜的情景D。维吾尔族古代民间史诗《乌古斯汗的传说》中神化了大树，树窟窿象征着母，暗意着乌古斯汗爱上的少女是大树所生E。这些树神题材的艺术作品，反映了当地人对树的崇拜心理。

艾德莱斯树木纹样的艺术造型，以装饰性的抽象几何构图为主，用直线表现纤细的枝权，用曲折变化装点树叶，用自然的线条表现树冠的外部廓型。大树展现出来的生机、朝气的风姿，象征着蓬勃的生命力。

2. 花卉纹样

花卉纹样是世界各民族共同热爱的装饰纹样，也是我国传统纹样的重要组成部分，具有较高的欣赏价值。艾德莱斯花卉纹样以茎、花蕊、叶为主要塑造点，经过不断简化和几何化等变形手法进行创作。

---

❶ 张晗：《纺织品中生命树的形象》(《湖北美术学院学报》，2008年第3期)。
❷ 徐君：《试论树神崇拜》(《宗教学研究》，1994年第1期)。
❸ 王嵘：《西域艺术史》，昆明：云南人民出版社，2006年。
❹ 艾尔西丁·若孜，梁惠娥：《论形成维吾尔族传统服饰植物纹样的诸多因素》(《艺术百家》，2011年第1期)。
❺ 高一惠，马世才：《古代维吾尔文化特质的真实体现——〈乌古斯可汗传说〉的人类学解读》(《社科纵横》，2007年第8期)。

3. 巴旦木纹样

巴旦木是维吾尔语Badam的音译，这种植物果实学名叫扁桃。巴旦木纹样与时尚界经久不衰的经典佩斯利（Paisley）纹样很相似。目前，学术界认为佩斯利纹样起源于古巴比伦，先传播到克什米尔，再传播至波斯、印度等地区❶。克什米尔东北地区与我国新疆地区接壤，历史上，两地经济文化有过密切交往，这也是部分学者认为巴旦木纹样传入中国新疆的主要途径。巴旦木因较高的药用价值和营养价值，被誉为"人间圣果"，其纹样象征着繁衍和生命的种子。巴旦木纹样是维吾尔族装饰艺术中最具代表性的纹样，带有非常深刻的审美价值和哲学寓意。就像老子在《道德经》中，用婴儿来诠释"大道"，婴儿具备和道一样的自然、纯真的品质。在新疆的民间传说中，常把巴旦木纹样比作孕妇腹中婴儿形态，寓意着无邪、天真、智慧，以及生命的重生。由此可见，巴旦木纹样的象征意义与中华民族传统哲学思想相融相通。在一次调研中，有一位老师说，巴旦木纹样既象征着母亲孕期的肚子，也象征着父亲的精子，因此，其寓意着生命的延续以及对父母的敬爱。以上有关巴旦木纹样的民间传说，承载着人们对大自然的敬畏和真善美的追求。在新疆，巴旦木纹样应用于木模印花、刺绣、传统花帽、披肩、首饰、地毯、刀具、乐器、建筑装饰、艾德莱斯等不同的艺术载体上。

艾德莱斯巴旦木纹样，是以巴旦木杏果树的内核为原型，具有头部圆润、尾部卷曲成尖，看似弯向一边的水滴形的非对称造型特征。巴旦木纹样以二方连续或四方连续的布局，可以单独或与其他纹样进行组合搭配使用。尽管巴旦木纹样并非我国新疆地区独有，但这个纹样在新疆已经形成属于自己的独特风貌和深刻文化内涵，展现出新疆装饰艺术对美感和自然的追求。

4. 石榴纹样

石榴最早产于波斯地区，在当地的文化中，石榴树是丰收之神阿哈黑特

---

❶ 徐颖洁，刘丽娟，穆琛，等：《孟加拉传统手工织机与织物纹样研究：以佩斯利纹为例》（《丝绸》，2021年第10期）。

的树，石榴果实寓意着丰收。在很多地毯、织物、诗歌、绘画中，石榴是常见的纹样题材。石榴在摩尼教传说中被视为生命树，因而受到特殊崇拜。在伊斯兰文化中，石榴被认为是来自天堂的神圣果实，是伊斯兰艺术风格常用的装饰元素。石榴在公元前就已传入中国，直到隋唐时期才有了石榴纹样的确切记载。在新疆，石榴纹样织物最早发现在罗布泊荒漠中的墓地❶。虽然石榴纹样是外来纹样，但我国石榴纹样在造型和寓意上与其他文化中的石榴纹样同中存异，一定程度地融合了本土文化元素。石榴果皮里的籽粒紧紧地抱在一起，因此象征着友谊、团结和凝聚。在中华传统文化中一直被视为吉祥果，象征着多子多福、和睦和谐、繁荣昌盛。艾德莱斯石榴纹样的寓意与上述观点相同，承载着人们对美好生活的期盼和对繁荣兴旺的追求。

5. 葫芦纹样

葫芦是我国古老的农作物，有7000多年的历史。葫芦可作为蔬菜、药材、乐器、容器等，常出现在民俗、神话、文学、艺术和绘画中。中国古代神话中，创世始祖伏羲和女娲就是葫芦的化身。在彝族和拉祜族等少数民族的历史文献《葫芦瓜》《牡帕密帕》中，记载了葫芦孕育人类的故事❷。中国传统道教有"葫芦内含有天地之灵气，是神仙长生不老之福地"的说法，深信葫芦可以求吉护身、祛灾辟邪❸。在我国古代风水学中，认为葫芦口小、肚大的外形可吸财富，且不易流失。在《西游记》中，观世音菩萨手拿着的葫芦形状宝瓶，既可以收妖伏魔也可以救人。葫芦纹样作为吉祥符号，在中国传统婚礼中常用在酒杯、剪纸和服饰的装饰纹样上，象征着子孙兴旺、和谐美满等吉祥寓意。明代墓穴中出土了很多带有葫芦纹样的丝绸服装。艾德莱斯葫芦纹样也带有同样的吉祥寓意。由此可见，人们赋予葫芦超越其自然的属性和深层次的文化内涵，其被视作美好吉祥之物。它是中华民族共有、共享的艺术文化符号。

---

❶ 贾应逸：《新疆地毯史略》，北京：轻工业出版社，1984年。
❷ 刘远东：《拉祜族的葫芦文化》(《民族艺术研究》，1992年第21期)。
❸ 张黎黎：《道教美学视阈下的葫芦意象》(《宗教学研究》，2021年第3期)。

艾德莱斯葫芦纹，将自然界中葫芦的具体形态经过提炼、概括、艺术化处理，作为单独纹样四方连续或周围填充其他纹样一起使用。

（四）动物特征类纹样

中华民族一直以来对动物图腾有着极高的敬畏之心，并把动物形态的纹样运用在服饰的装饰上，相信这样能起到辟邪护身的作用。艾德莱斯动物特征类纹样，通过提炼、概括、抽象化处理动物的部分特征，将动物形态转化成抽象艺术形态的创意（表4）。

表4 动物特征类纹样

纹样分类	纹样名称	纹样形态	纹样象征（部分推测）	纹样	原型（部分推测）
动物特征类纹样	公羊角纹样	左右对称两个角向外展开卷曲	繁殖、丰盛、吉祥		
	羽毛纹样	羽毛外缘有纤细的纹理	精神上的觉悟		

1. 公羊角纹样

无论是农耕民族，还是游牧民族的传统祭祀活动中，动物都扮演着重要的角色。动物题材艺术形式最早出现在原始时期的岩画、彩陶、青铜器和玉器上，后来以装饰纹样的形式运用到服饰中。充当着重要神性角色的动物纹样，反映了早期生活在新疆地区的先民以游牧为主要的生活方式。游牧生活中必不可少的牲畜与图腾崇拜相结合，产生象征着生殖力和财富的动物纹样，使传统纹样的装饰性、象征性和功能性发挥到了极致。

龟兹、和田约特干遗址出土的佛教时期的陶器，刻画着各类写实的动物和人物形象，包括马、牛、骆驼、鹿、狮子、猴子、双头乌龟、孔雀等，人物形象包括弹奏乐器的舞姬、半裸女性、情侣、神话人物中的众神、佛门弟子等❶。直到9世纪，随着伊斯兰文化传入西域，我国新疆地区服饰文化在一

---

❶ 周菁葆：《新疆壁画中的动物形象》，乌鲁木齐：新疆美术摄影出版社，2020年。

定程度上受到伊斯兰艺术风格的影响。伊斯兰文化以波斯文化和阿拉伯半岛文化为根基，传播过程中融合了拜占庭文化、古希腊文化、闪米特文化、古印度文化等，经过一系列改良，逐渐形成了体现艺术情感和宗教哲理的多文化融合的伊斯兰艺术文化精神。伊斯兰教严格禁止一切形式的偶像崇拜，断然拒绝了对带有人或动物为题材的写实描绘。尽管如此，也没能让新疆的艺术完全抛弃原始信仰，而是用动物的某些器官和肢体描绘的方式保留了部分动物题材，将写实的动物形象演绎成符号化、抽象化的几何纹饰，表达内心世界的某种情感和意图❶。伊斯兰艺术风格对艾德莱斯风格的形成具有一定影响，但不是决定性因素。

公羊角纹样是艾德莱斯最常见的角形纹样，它是公羊角具象图案的几何概括。公羊角纹样的造型是弧度向外展开蜷曲形态，有时会以双羊角的形式出现。羊角具有坚实不朽的特征，象征顽强和坚实，二双羊角纹具有繁殖和丰盛的寓意。构图时，以二方连续或对称的形式展开，可以与其他纹样组合搭配，达到饱满、丰富的艺术效果。

2. 羽毛纹样

创世神话中的灵禽崇拜，赋予了鸟禽羽毛特殊情感和神圣魅力。古人认为，会飞的鸟类是天地之间的使者，注定很多神话传说中的天使都有翅膀。因此，羽毛代表了精神觉悟、与天对话、升天等寓意。羽毛以其装饰性和象征性的美学特征，成为新疆少数民族人民最喜爱的服装配饰，它常作为祛病辟邪的吉祥物，佩戴在服饰或婴儿的摇篮上❷，距今3800年前的楼兰美女干尸的帽子上就佩戴羽毛。据洛浦县委宣传部艾则祖拉·热杰普解释，最早的艾德莱斯羽毛纹样专属王室权贵使用，平民百姓禁止使用带有羽毛纹样的艾德莱斯。

用扎经染色工艺织造艾德莱斯羽毛纹样，由于捆扎产生的皱褶，形成外缘有纤细的纹理，仿佛鸟禽羽毛上的细绒，看起来优美、生动。

---

❶ 王嵘：《西域艺术史》，昆明：云南人民出版社，2006年。
❷ 侯世新，王博：《和田艾德莱斯》，苏州：苏州大学出版社，2011年。

（五）物品器件类纹样

具有浓郁的生活气息和民间艺术特色的艾德莱斯物品器件类纹样是新疆地域文化在纹样设计中的集中表现。它是以日常生活中常用的物品器件为原型，经高度概括、简化后创作的，具有辨识度高、造型干练、内容丰富、质朴抽象等艺术特色（表5）。

表5 物品器件类纹样

纹样分类	纹样名称	纹样形态	纹样象征（部分推测）	纹样	原型（部分推测）
物品器件类纹样	梭子纹样	两头尖，中间椭圆的形状	无		
	洗手壶纹样	洗手壶原型	身心洁净		
	茶炉纹样	茶炉原型	无		
	乐器纹样	热瓦甫、艾捷克、都塔尔等乐器的外形	无		
	箭纹样	箭头是三角形，箭羽向两侧岔开	无		

1. 乐器纹样

新疆作为"歌舞之乡"，音乐舞蹈是新疆各族群众的精神财富，动听悦耳的传统民族乐器是中华民族艺术文化的组成部分。新疆石窟壁画上就描绘了多种乐器和舞蹈，其中《新疆壁画中的图案艺术》解释说："菩萨欲净土，故求好音声欲使国土中众生闻好音声，其心柔软，心柔软故受化易，是故以音声因缘供养佛。"❶佛教认为音乐有"供养""心柔软""受化易"等特质，这也让乐器成为西域佛教壁画中必不可少的主题。随后发展出来的乐器纹样也

---

❶ 周菁葆：《新疆壁画中的图案艺术》，乌鲁木齐：新疆美术摄影出版社，2013年。

用在艾德莱斯的装饰上，展示出能歌善舞的地域特色。乐器纹样主要包括艾捷克、热瓦普、胡西塔尔、都塔尔等传统乐器。这些乐器的造型，通过简化、抽象化、概括化处理后，单独作为主体纹样使用或与其他纹样组合使用。

2. 生产工具纹样

艾德莱斯生产工具纹样包括镰刀纹样、木槌纹样、梭子纹样和箭纹样等。以各类生产工具为原型，再经过概括简化后创作的标志性符号，给人一种崇高、质朴的美感，象征着美德与勤劳。生产工具纹样中最古老、最经典的是箭纹样。狩猎活动是早期生活在新疆地区的先民游牧生活方式的一部分，在游牧社会经济结构中占比非常高，其中箭是重要的生产工具，这可能是箭纹样的由来。

3. 洗手壶形纹样

洗手礼俗是新疆各民族共有的风俗习惯。客人进屋前、进餐前、参加各种礼仪活动前都要用流动的水洗三次手，主人亲自向客人掬起的手掌倒水来完成这个礼节，表示对客人的尊重和欢迎。艾德莱斯水壶纹样以洗手壶的具体形象为原型构图创作。古人在进行神圣仪式前用水壶清洗身体，因此，水壶纹样象征着洗涤心灵的污垢和生活中的尘埃，以达到身心洁净等寓意❶。艾德莱斯洗手壶形纹样可作为主体纹样内嵌于菱形纹内，也可以作为一个单元条幅中的主题纹样，二方连续重复使用。

4. 茶炉、瓶罐纹样

茶炉纹样是以新疆特有的茶炉的具体形象为原型构图创作的。还有一种类似于传统茶炉纹样的瓶罐纹样艾德莱斯。这两种纹样在造型上极为相似，常作为主体纹样独立进行装饰，具有很高的艺术欣赏价值。

（六）珠宝首饰类纹样

南疆地区戈壁、沙漠和荒山等自然环境没能扼杀女人爱美的心，反而这

---

❶ 侯世新，王博：《和田艾德莱斯》，苏州：苏州大学出版社，2011年。

里的人更喜欢用夸张耀眼、绚丽夺目的首饰装饰自己。艾德莱斯最常见的珠宝首饰纹样主要有王冠纹样、耳坠纹样、宝石纹样等，这些独特审美情趣和华丽艳美的装饰纹样，为艾德莱斯添加了浓郁的地域文化色彩，象征着富足和财富（表6）。

表6　珠宝首饰类纹样

纹样分类	纹样名称	纹样形态	纹样象征（部分推测）	纹样	原型（部分推测）
珠宝首饰类纹样	王冠纹样	羊角纹样、梳子纹样、巴旦木纹样、流苏纹样、宝石纹样等组成的组合纹样	智慧是通过对自己深刻的认识获得的，从劳动中才能认识自己、发挥才能		
	梳子纹样	等长的梳齿一个挨着一个排列	人人平等、梳理思绪		
	流苏纹样	下垂的穗状流苏形态原型	无		

1. 王冠纹样

黑白相间艾德莱斯是和田艾德莱斯品类中最古老的一种，其中"王冠艾德莱斯"是最经典的款式，民间俗称"大花艾德莱斯"或"安集延艾德莱斯"。王冠纹样是层次丰富的组合纹样，顺序和位置的排列相对固定，由黑白两个色调组成。王冠艾德莱斯的纹样组合，是以传统维吾尔族妇女装饰佩戴的头冠，以及其他珠宝首饰为原型，经过高度概括、组合构成的。

艾德莱斯王冠纹样组的整体构图分布于上中下三层，正中间放置一个巴旦木纹样，象征智慧的重生；巴旦木中心有一块闪亮的宝石，象征放射光芒的精神；巴旦木纹样左右两侧延伸出多个黑白相间的竖条组成的装饰条纹，小竖条下面的细绳穿系着一串串明珠，好似一根根系着宝石的银线，给人以轻盈飘动的感觉，象征着生命繁衍过程中的宝石光泽；从中间巴旦木纹样向下延伸的线，往两侧弯出公羊角的形状代表枝叶，下面垂挂着的白色半圆形代表即将绽放的花，象征生命的种子即将绽放；两侧配置着梳齿向下的梳子纹样，象征梳理头脑中的杂念和情绪；纹样最上层是以巴旦木纹样为中心向上，两侧延伸出镰刀形纹样，镰刀象征着通过劳动收获丰收之意；上面挂着8～12条流苏，每条流苏下面挂珠子，特别像镶嵌明珠的传统耳环造型，镰刀形纹样两侧也是两个齿纹向下的木梳纹样。这幅用多种主题的纹饰图样组合而成的装饰纹样说明，智慧是通过对自己深刻的认识获得的，在劳动中才能正确认识自己、改变自己、发挥才能，才能像宝石一样闪闪发光。经典王冠艾德莱斯采用复合的构图手法，将多种纹样组合，形成新的组合纹样，寓意更加深刻。

2. 梳子纹样

头发几天不梳理就会凌乱打结，而梳子可以把凌乱的头发梳得顺滑整齐。思绪、情绪、情感等就好比头发，需要不断梳理成长道路上绕结心头的思想障碍，平衡感情与理智的关系，开启智慧之门。因此，梳子象征着疏通与顺遂。此外，梳子造型基本是梳齿等长，一个挨着一个均匀排列的，因此梳子纹样作为一种符号宣扬人人平等的信条。梳子纹样也常与其他纹样组合使用，具有不同的象征意义。当梳子纹样与乐器纹样一起使用，寓意用自己的才华和智慧谱写生活的乐章。

3. 流苏纹样

流苏独特的流动美感，使佩戴者透露出高贵与典雅之美。在中国古代，流苏属于高贵的饰品，具有平安、财富、自信、爱情等诸多寓意，是财富与地位、美好爱情的象征。艾德莱斯流苏纹样也具有同样的寓意，传达了人们对美好生活的期盼。

艾德莱斯流苏纹样是根据下垂的穗状流苏原型创造的，垂直的线条串联成一排，流苏端头垂挂穗子，使其看起来飘逸流动。艾德莱斯流苏纹样常与其他纹样组合使用，呈现轻盈柔顺、飘逸灵动的视觉效果，增强了艾德莱斯的雅致美感。

二、艾德莱斯纹样内涵与文化表征

新疆作为中国连接中亚、西亚、中东乃至欧洲的重要通道，是我国多种文化相互碰撞、相互融合的土壤，也是东西方经济、文化和技术交流的重要驿站。其凭借得天独厚的地理位置，不仅很好地吸收了我国其他地域的文化精髓，还将古罗马、古希腊、印度、阿拉伯等外来文化，以及先后进入中国新疆的祆教、摩尼教、景教、佛教和伊斯兰教等外来宗教信仰，多多少少地融入当地的服饰文化中。这些多样的文化元素烙印在了艾德莱斯的图案设计上，丰富了艾德莱斯的文化内涵。正如冯晓所言，艺术的发生不是凭空出现的，它来源于人内在精神的需求❶，人类早期的艺术创作常受到多神崇拜和图腾崇拜等原始信仰及宗教观念的影响。可见，原始民族的艺术作品并非完全是为了"审美"需要，而是带有一定的实用性和目的性。艾德莱斯装饰图案具有的象征性、哲理性和欣赏性的特点，唤起人们丰富的审美联想和身心愉悦。艾德莱斯装饰图案的产生、继承和发展是我国新疆地域文化、社会环境和自然环境中人文精神的投射，最后形成了中国独具特色的艺术面貌。因此，通过对新疆地区文化生态环境的全方位研究，能让我们更深入地了解艾德莱斯装饰图案的文化内涵和发展历程。

任何一种艺术形式都是文化本身的宣传载体。艾德莱斯传统纹样造型源于当地人生活中的点点滴滴，融合了新疆各民族的文化意识、思想意识和精神意识，是人与自然万物关系的映射。其中最经典的纹样有山、水、火、植物、动物等自然万象，这与新疆所处的自然环境、早期以狩猎和放牧为主的游牧生活方式，以及原始宗教产生的万物有灵的观念有一定的联系。随着伊斯兰装饰艺术风格的流行，抽象化的装饰纹样、几何纹样、瓜果纹样、花卉纹样等非人物和动物画像开始广泛应用。随着物质与精神生活的日益丰富，艾德莱斯纹样中出现了乐器、容器、生产工具、配饰等物品。这些纹样中有一部分是具象图案的抽象表达，有些纹样是以原图简化的形式出现的。艾德莱斯以现实生活中的实物为原型，经过简化、概括、提炼再进行图案化处理，慢慢发展演变成丰富的纹饰文化并逐渐成为中国传统服饰文化的组成部

---

❶ 冯晓：《中西艺术的文化精神》，上海：上海书画出版社，1993年。

分。艾德莱斯的纹饰图样仿佛是反映历史文化的一面镜子，从中可以看到人类发展过程中的思维方式、生活画面及审美心理。艾德莱斯纹样粗犷稚拙的造型和大胆配色相结合，营造出浪漫典雅的意蕴，创造了艾德莱斯艳丽华美、自由奔放、风格多变的艺术风格。

三、结语

我国新疆地区，以包容万象的姿态和得天独厚的地理优势，吸收了周边其他地区的艺术文化、艺术形式，使艾德莱斯融合多元文化基因。古丝绸之路东西方文化的交融，带动了艾德莱斯由地域性审美艺术向多元一体的融合艺术演变，使艾德莱斯具有地域性和世界性的艺术文化特征。E.H.贡布里希在《秩序感》中说："没什么东西能比那些已被遗忘了意义的、神秘的象征符号更有强烈的吸引力。有谁能说明在这些不可思议的形态和形式里包含了古人哪些方面的智慧？"[1]艾德莱斯纹样以生活元素与自然景观为审美对象，融合不同的艺术风貌，将对生活的热爱转化为艺术韵律，传达出深邃的文化内涵和真实生动的生活智慧，进而以高度概括的设计语言呈现出简练古朴的纹样造型。艾德莱斯纹样中，沉淀着生活在新疆地区各民族人民的思想和文化记忆，是新疆地区历史文化、信仰崇拜、地域环境、民俗习惯的映射。艾德莱斯作为新疆各民族文化审美心理的积淀，凝聚着具有民族特色与时代特色的文化内涵，是中华文明宝贵的历史传承。深刻理解艾德莱斯纹样的文化内涵，发扬其蕴藏的美学价值，对于新时代艾德莱斯的传承创新具有积极的意义。

---

[1] E.H.贡布里希：《秩序感》，杨思梁，等译，南宁：广西美术出版社，2015年。

近代以来新疆艾德莱斯服饰的发展

汪丽群、万 岚

艾德莱斯服饰作为我国新疆维吾尔族人民服饰文化生活中的重要组成部分，见证了新疆地区民族服饰生活的发展变迁。本文试图通过探讨近代（19世纪末以来）艾德莱斯服饰的传承与演变的基本情况，分析艾德莱斯服饰的演变和变化规律，从而为当前艾德莱斯服饰的传承创新发展提供一点实践参考。

一、近代以来艾德莱斯服饰的基本形态

新疆维吾尔族人民十分喜爱穿着用艾德莱斯制作的服饰，尤其是在出产艾德莱斯的南疆地区，更是被当地人民广泛穿着。艾德莱斯服饰主要流行于维吾尔族女性当中，但是在维吾尔族男性服饰中也有出现。连衣裙、大裆裤、袷袢、腰带等是广泛流行于南疆地区女性和男性中的代表性款式和配件，皆会使用艾德莱斯制作。

（一）女性艾德莱斯服饰

近代南疆地区维吾尔族女子的日常穿着一般多为衬衫式连衣裙，其形制是有领而无衽、贯首而下。各地区连衣裙的款式会略有不同，比如，喀什地区的连衣裙领口较小，而阿克苏地区的连衣裙则有横开领、竖开领或带有硬领子的款式。女服的内衣多为长度过膝的衫袄，不扎腰带；下装穿与男子一样的宽大裤子，裤脚口较男裤肥大，裤长也更长，一般长至脚踝。外出时一般会在外面套穿长及脚踝的大衣。

维吾尔族女性在节日庆典和喜庆的场合中都会穿着艾德莱斯裙装，人们认为结婚或怀孕的女性穿这种衣服具有吉祥的意蕴。第一任英国驻喀什噶尔总领事的妻子凯瑟琳·马嘎特尼，在喀什生活了十七年，她在《外交官夫人回忆录》中提到维吾尔族女性的内衣和长裤大部分是用五颜六色的料子制成的❶，斯坦因则在《斯坦因第四次中国考古日记考释》中，记录了他看到在去

---

❶ 凯瑟琳·马嘎特尼：《外交官夫人回忆录》，王卫平、崔彦虎，译，乌鲁木齐：新疆青少年出版社，2008年，60页。

往布古尔赶集的队伍中"女流们穿着艳丽"。❶ 从他们的描述中可以推测,这些维吾尔族女性所穿的衣料应该是艾德莱斯,且艾德莱斯在维吾尔族女性服饰中广泛流行。

北京服装学院民族服饰博物馆收藏了一条当代的新疆维吾尔族女子的艾德莱斯连衣裙。这款连衣裙的平铺尺寸为135厘米(衣长)/156厘米(通袖长),采用衬衫式的翻领和袖口。领口处设置一粒纽扣,用于闭合门襟。袖根处略宽松,整体袖型自袖根至袖口逐渐收紧至合体,袖口处捏褶并用一粒纽扣系合。裙腰较高,至胸围线以上,裙身多褶。裙子上的图案是由多个纵向条状图案组合而成的20条/10条图案,整体图案色彩斑斓,由黄、绿、蓝、赭等约10种颜色交错而成,绚丽而不媚俗(图1、图2)。

图1 维吾尔族艾德莱斯连衣裙(正面、背面)

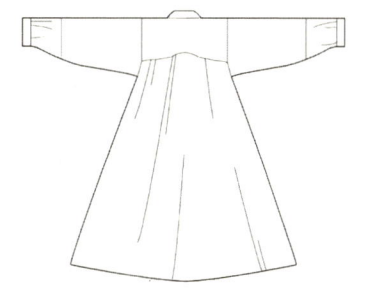

图2 维吾尔族艾德莱斯连衣裙款式(正面、背面)

---

❶ 王冀青:《斯坦因第四次中国考古日记考释》,兰州:甘肃教育出版社,2004年,482页。

（二）男性艾德莱斯服饰

近代南疆地区维吾尔族男子的外衣主要是"袷袢"，这种类似长袍的大衣外套一般为圆领、对襟、无扣，袖子窄小、狭长至手指。南疆喀什地区的维吾尔族男子的穿搭方式一般是内穿白色衬衣，下着一条大裆阔腿裤，外搭一件袷袢，系扎腰带。袷袢又分为冬夏两种，夏季是单层的袷袢，冬季则换成厚的棉袷袢，且会根据温度变化多层套穿，用于御寒。

北京服装学院民族服饰博物馆收藏了一件当代新疆喀什地区维吾尔族男性的传统服饰"袷袢"，该袷袢使用艾德莱斯为面料，由此可以看出，当代南疆地区维吾尔族男子的服饰也会采用艾德莱斯来制作（图3）。

图3 新疆喀什维吾尔族艾德莱斯袷袢（正面、背面）

此款袷袢的平铺尺寸为114.5厘米（衣长）/169厘米（通袖长），款式为圆领、对襟、无扣，袖子狭长，衣身呈"T"字形展开。通身采用艾德莱斯为面料，在领口、袖口、衣襟及底摆边缘镶嵌金棕色条形边饰。此款袷袢所用艾德莱斯上主要有木梳纹、流苏纹和耳坠纹，整体造型大气舒展。图案底色呈现出柿子红色调，纹样用白色来实现，色彩简单分明。衣服大面由12个裁片组成：衣服左、右前片由4个裁片组成，衣服后片由4个裁片组成，左右衣袖分别由2个裁片组成。其中，裁片2、裁片7和裁片11为全幅宽裁片。从图案的布局来看，衣服正面的图案呈现出基本对称的布局，但是衣服背面在拼缝裁片的时候却没有追求图案的完全对称，而是选择保留了一个完整的图案和艾德莱斯幅宽（裁片11），然后在一侧拼缝一条狭长裁片（裁

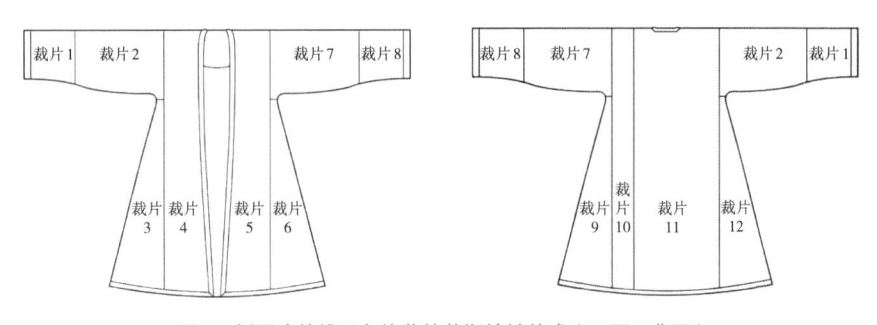

片10），以满足衣身宽度的需求。从衣身裁片的色彩来看，两个袖口处的裁片和衣身四个侧裁片的颜色略深，可以判断这几个裁片所使用的艾德莱斯和衣身其他裁片所用的艾德莱斯不是同一批次（图4）。

图4　新疆喀什维吾尔族艾德莱斯袷袢款式（正面、背面）

二、新疆维吾尔族艾德莱斯服饰的服用

（一）20世纪前半期的南疆艾德莱斯服饰

1. 官员

清朝末年，维吾尔族男性一般还是穿着传统服装"袷袢"，但是大多数担任清政府官员职务的维吾尔族王公贵族一般都会穿着清政府赏赐的官服。受外部政治环境因素变化的影响，维吾尔族官员的服饰发生了比较明显的变化。但是，南疆地区因其交通和地理的特殊，官员服饰基本上还是延续了传统，维吾尔族平民服饰虽然在局部范围内发生了一些变化，但是在总体上保持了传统面貌。至少在新中国成立以前，艾德莱斯服饰产品因其原料的珍贵和复杂的织造过程，而只能供少数人拥有的奢侈面料，曾经仅被用于维吾尔族首领、宗教领袖和身份尊贵的家族成员，尤其是家族女眷的服饰中。虽然艾德莱斯后来可以被普通百姓使用，但迫于其昂贵的原料和复杂的工艺带来的时间成本，百姓们也只能为自己制作一些在重要场合穿着的服饰。艾德莱斯因独特花纹和精美工艺被作为西域贡品进献给乾隆皇帝。民国时期，在外部政治环境变化的影响下，西装开始在乌鲁木齐等中心城市的高层官员和知

识分子中流行，思想开放、善于接受新鲜事物的他们基本接受过高等教育或者具有海外留学的经历。但是，南疆地区的官员穿着西装的情况却并不多见，依然以传统的"袷袢"为主。

2. 平民

清朝末年，政府在南疆地区开办学校，来校学习的维吾尔族儿童也穿着长袍马褂。而南疆女性的穿着也受到了满汉女性服饰风格的影响，她们在日常生活中会穿着"上袄下裙"的装束，甚至头发也会梳成与内地满族、汉族女子一样的发髻样式。但这一时期，因国力衰弱，西方列强通过各种不平等条约，迫使新疆各地相继开通通商口岸，洋布等工业品涌入新疆各地，对当地传统的手工纺织业产生极大冲击，自然也严重冲击了包括艾德莱斯在内的南疆本地出产的丝绸和土布等服饰面料的市场。由于来自境外的机织印花棉布和化纤混纺织物等面料进入维吾尔族人民的衣生活，艾德莱斯服饰的穿着场合和范围也受到影响，一些维吾尔族的上层人士开始放弃传统的丝绸面料，那些原本使用艾德莱斯制作的服装有一部分被商品流通而来的机织洋布制作的服装取代。

其中，来自欧洲的印花细布大量涌入，给百姓生活带来的影响更是突出："在与俄国人的交往中，俄国的印花棉布已经把这些东西（指丝绸）淘汰了。比如，他们当中一个妇人就穿着一件俄国印花棉布的衬衫，衬衫上的图案是一个穿着短裙子的芭蕾舞演员一只脚站立着在跳芭蕾舞。许多妇女都穿着这一图案的衣服，千篇一律。"❶与此同时，普通民众也逐渐开始接受一些质优价廉的工业纺织面料，凯瑟琳·马嘎特尼在《外交官夫人回忆录》中描述："即使是一般的人也穿起了俄国纺织的俗气的大花细布做的衣服。"❷但是，传统的棉麻、丝绸布料在南疆一些偏远地区和广大农村仍被广泛使用，

---

❶ 阿尔伯特·冯·勒柯克：《新疆的地下文化宝藏》，陈海涛，译，乌鲁木齐：新疆人民出版社，1999年，115页。

❷ 凯瑟琳·马嘎特尼：《外交官夫人回忆录》，王卫平，崔彦虎，译，乌鲁木齐：新疆青少年出版社，2008年，60页。

服装上出现一种类似传统与现代并举、中外款式交织混用的情况。

总体来看，这一时期南疆出产的艾德莱斯作为制衣面料的市场在一定程度上有所缩减，而且使用人群从原来的以社会上层人士为主逐渐向下扩散，并向较为偏远和闭塞地区的百姓汇聚。

（二）新中国成立以来艾德莱斯服饰的发展

新中国成立后，国家鼓励各民族人民积极保护民族服饰文化。新社会带来新时尚，新疆各族群众的服饰也与时俱进、不断发生着变化。

新中国成立初期，维吾尔族的广大农民群体大多穿着本民族的传统服饰，党政机关的各级干部和工人群体在工作场合主要穿着工装、军便装、干部服和中山装。在家庭聚会、重大节庆活动，以及非工作时间中，维吾尔族各群体的人民主要还是穿着本民族的服饰，而党员和干部则会在中山装、干部服、军便装的基础上，以花帽、民族衬衣、鞋子、腰带、连衣裙等传统的民族服饰的搭配来显示自己的民族身份。[1] 各类具有民族特色的服饰与各类制服或工装的"混搭"，形成维吾尔族当时传统服饰与现代服饰"混搭"的着装风格，包括艾德莱斯服饰在内的新疆维吾尔族传统服饰再度回归人们的日常生活。

新中国成立初期，社会的变革虽然使新疆维吾尔族农村社会发生了巨大改变，但是对当地农民服饰生活的影响还不是很大，本民族的传统服饰仍然活跃在他们的生活中。男性农民一般身穿长款无扣袷袢，内穿白色衬衣，腰间系腰带，脚穿传统皮靴；夏季则穿着单衣长袷袢，光脚或穿传统皮鞋。女性农民一年四季都会穿裙子，长裙外穿马甲或短款长外套；夏季长裙子下穿裤子或肉色丝袜，脚穿维吾尔族传统长靴，有时穿布鞋或凉鞋（图5）。[2]

20世纪60~70年代，社会各阶层维吾尔族人民普遍穿着军便装、干部服、毛式中山装等，也出现了列宁装配传统连衣裙、中山装配传统民族衬

---

[1] 潘璇：《当代新疆维吾尔族服饰文化研究》，陕西师范大学硕士学位论文，2021年，40页。
[2] 同[1]，46-47页。

衣、工装外套配花帽等传统服饰与主流服饰的混搭着装现象。还有当时的纺织女工，为了防止头发和衣服卷入织机，在工作时需要身着围裙、头戴白色布帽或佩戴各色传统的民族头巾包裹头发，围裙内通常是花色布拉吉或连衣裙，体现着职业工装与民族服饰的创新统一。维吾尔族的男性穿着基本上都是军便装、干部服、毛式中山装，只有老年农民还在继续穿着传统的袷袢，但是里面的内搭都是以制式白衬衣为主。维吾尔族女性多以军便服为外套，内穿连衣长裙或艾德莱斯裙，裙长从脚踝缩短到膝盖的位置，内搭工装裤。从历史影像可以看到，20世纪70年代后期的维吾尔族男性在冬天穿着传统的袷袢，女性则穿着艾德莱斯裙等传统服饰❶（图6）。

图5 喀什近郊农村维吾尔族女性❷　　　图6 新疆维吾尔族民兵

改革开放初期以来，服装时尚在中国大地普遍发生极大变化，新疆也不例外。新疆维吾尔族工人除了穿着标准的工装制服外，男性工人基本上不再穿本民族的服饰。相比之下，女性工人的服装样式更加多样，工作时间以外的穿着也更丰富一些，她们的衣服大多为连衣裙，面料多为艾德莱斯，或者是带有大印花的棉绸。与此同时，传统服饰开始在新疆维吾尔族老年男性农民群体中大面积复苏。随着新疆农业的结构转型与快速发展，农民的生活水平有了很大提高。20世纪80～90年代，年长的男性农民多戴花帽或者皮帽，穿着传统的长款袷袢，内穿白色传统衬衣，且多扎腰带；青年农民的穿着则

---

❶ 新疆画册编辑委员：《新疆》，乌鲁木齐：新疆美术摄影出版社，1975年，30页。
❷ 穆宏：《合作社的傍晚》（《新疆画报》，1956年第2期，12页）。

更加现代化,以蓝黑灰的工装制服为主,多戴解放帽;老年女性农民服装仍然以蓝黑灰色系为主,外套款式由中山装、军便服等变成了西服夹克。经济发展的背景下,维吾尔族传统服饰得到了进一步发展,服饰朝着更加"民族化"和"个性化"的方向发展,穿艾德莱斯裙和带花帽似乎又成为维吾尔族群众的衣着时尚。

进入21世纪,随着市场化的深入以及全球经济的一体化,新疆与外部世界的联系更加密切,维吾尔族群众的衣着服饰变化日益显著。在传统服饰保存比较完好的维吾尔族老年男性农民群体中,也开始广泛流行穿着西服、休闲西服、西装衬衣等服装。年轻的维吾尔族男性和全国各地的年轻人着装一样,款式上更加多样化,如西服、夹克、风衣、运动服等。维吾尔族老年女性在日常生活中的穿着总体上还是较为古朴的,外套方面多以女士西服为主,或者穿着深色系毛衣,内搭连衣长裙和分体长裙,裙内穿裤子,裤子的颜色多为深色。长裙除了色彩丰富的艾德莱斯裙外,其他连衣裙多以纯色系为主,在日常生活中服饰的颜色也多为蓝黑灰。维吾尔族年轻女性农民的衣着以颜色艳丽的裙装为主,有分体的裙套装也有连身裙,有时髦的现代款式也有传统的艾德莱斯裙(图7、图8)。

图7 田间劳作的维吾尔族农妇❶　　　　图8 果园劳作的维吾尔族农妇❷

---

❶ 马中原:《团结战斗保边疆》(《新疆画报》1980年第4期,9页)。
❷ 新疆画报记者:《香梨满园》(《新疆画报》1980年第1期,32页)。

在国家加强保护民族服饰文化的政策指引下，2018年艾德莱斯织染技艺被列为国家级非物质文化遗产，将艾德莱斯的服饰发展推向了新的高峰。艾德莱斯服饰以更多姿的风貌走进人们的生活，原本主要活跃在维吾尔族女性生活中的艾德莱斯，开始被大量运用在男性的西服和休闲装等日常款式中。而女性的艾德莱斯服装则变得更加丰富多样，款式也向着更加适合当代日常生活和更时尚的方向发展。艾德莱斯服饰的穿着人群遍布都市和乡村，此时，艾德莱斯服饰已经突破传统的概念，成为维吾尔族人民热衷的地域新时尚（图9）。

图9　和田机场候机的维吾尔族女性❶

三、当前艾德莱斯服饰的织造和发展

（一）织造技术革新

因工业化生产的变革和消费者需求的变化，艾德莱斯的质地和尺寸因时而异，不断发生变化，这是自然而然的。工业化生产实现了艾德莱斯的规模化量产，提升了艾德莱斯在密度、柔顺度和光泽度等方面的品质，更好地满足了当代维吾尔族消费者对艾德莱斯数量和品质的诉求。同时，消费者的审美变化也促使织造者对艾德莱斯的尺寸进行适度的调整，以使艾德莱斯更符合消费者需求。

20世纪50年代以后，和田地区艾德莱斯最集中的产地——今日和田市吉亚乡、洛浦县的缫丝，逐步以机械纺车代替了手工纺车，制作艾德莱斯的生丝多用机械纺车纺出，后期的织造则仍用木质织机来完成。至20世纪80年代末，当地工匠将木质织机的部分零件改装在由内地运来的铁质织布

---

❶ 作者拍摄于和田机场候机大厅（2023年6月）。

机上。❶改造后的织机，不仅考虑到了艾德莱斯的织造工艺特点，同时还考虑到织造者家庭式劳作的特点。吉亚乡的很多织户是在家里完成织造任务的，她们在织艾德莱斯的同时还要兼顾家务，无法一直守在织机旁边观测织造效果。因此，在今天吉亚乡织户家中的改造织机上，有一个干预感应部件，当织机运转过程中出现断线情况时，该部件可自动跳起并阻止织机继续运转，且须织造者确认情况并进行处理后才能重启织造任务。这种因地制宜的改造满足了南疆维吾尔族女性在居家织造艾德莱斯的同时又要兼顾家务的双重需求（图10、图11）。20世纪90年代，和田丝绸厂更新机械设备，中国纺织机器制造公司的电动纺织机取代了洛浦县吉亚乡作坊里的木制纺织机❷。

图10　吉亚乡村民家中的电动纺织机❸　　图11　纺织机上的干预感应部件❹

目前，很多吉亚乡农户家中都装有一台电动纺织机，这些纺织机由和田市政府为了发展艾德莱斯传统产业而免费发放给农户。农户先手工扎染丝线，然后用电动纺织机织布。电动织布机的广泛使用，提升了吉亚乡的艾德莱斯产量，每年生产出的艾德莱斯不仅可以满足本地的需求，还可以销售到乌鲁木齐市、喀什地区、阿克苏地区。

---

❶ 侯世新，王博：《和田艾德莱斯》，苏州：苏州大学出版社，2011年，135页。
❷ 同❶，136页。
❸ 作者拍摄于吉亚乡村民家中（2023年6月）。
❹ 同❸。

(二)技术变革对于质地及质量的影响

木质纺织机和电动纺织机织造出来的艾德莱斯在厚度、光泽度以及牢固度等方面都会有一定的差异,造成这些差异的主要原因之一是两种织机经线拉力的大小和稳定性不同。在艾德莱斯织造过程中,经线的受力强度和稳定性会影响丝线的选择和艾德莱斯成品的厚度、牢固度、柔软度、平滑度及光泽感等。在织造过程中,经线的一端在机身中,而另一端则会垂坠重物,两端的力量需要保持一定的平衡。木质手工纺织机在工作时,完全是依靠织造者自身的力量带动织机运转,因此经线另一端垂坠的重物不能过重,要与织造者的力量相适应。同时,木质纺织机的运转节奏也是由织造者控制的,具有一定的不稳定性,织造的节奏会随着操作者的身体状况和工作时长的变化而产生波动(图12、图13);电动纺织机在运转时,释放出来的机械力量远远大于人力,因此经线另一端的垂坠物重量也可以更大。相较于手工织机,电动纺织机的运转节奏和力度也更稳定、更均匀,不会因为工作时长的变化而改变。从电动纺织机的整体安装构架来看,为了保证经线卷轴端的拉力与机身运转时的拉力持平,村民在延长拉绳长度的基础上,还将经线端垂坠的石头下落于挖好的约40厘米的深洞中(图14、图15)。

因此,用木质纺织机手工织造艾德莱斯的时候,需要用到较粗的丝线。手工织造的时候,由于拉扯丝线的力量不够均匀和稳定,因此丝线比较容易断开,会导致丝线接头过多,影响面料的平整度,选择粗一点的丝线可以部分减少丝线断开的概率。用较粗丝线织出来的艾德莱斯会稍厚一点,面料纹理略明显,织密略稀疏,织物表面会泛出微妙的光泽,散发着手工的温情。用电动纺织机织造艾德莱斯的时候则可以选用较细的丝线。电动织机运转时,比较稳定的拉力可以保证经线均匀受力,不易断开。虽然断线的情况不能完全避免,但是断线接头的数量可以大大减少。由于使用了较细的丝线,电动纺织机织出的艾德莱斯会比较薄,织密较高且面料的牢固度更好,表面更加细腻柔顺、更富有光泽。

图12　吉亚丽人织娘在操作木质纺织机❶

图13　木质纺织机经线卷轴端垂坠的石头❷

图14　吉亚乡村民家中的电动纺织机❸

图15　垂坠石头位于地面圆洞中❹

目前，市场上电动纺织机生产的艾德莱斯售价高于木质纺织机生产的艾德莱斯，这也主要是由两种纺织机所用的丝线粗细不同来决定的（表1）。

---

❶ 作者拍摄于吉亚乡吉亚丽人公司（2023年6月）。

❷ 同❶。

❸ 作者拍摄于吉亚乡村民家中（2023年6月）。

❹ 同❸。

表1 吉亚丽人品牌电动纺织机与木质纺织机织造的艾德莱斯售价对比表

产品图（局部）	纺织机类型	丝线类型	面料尺寸（长×宽）	染色方式	销售价格（元）
	电动纺织机	真丝细线	750厘米×45厘米	植物染色	1500
	木质纺织机	真丝粗线	750厘米×45厘米	植物染色	680
	木质纺织机	真丝粗线	750厘米×45厘米	化学染色	380

数据来源：洛浦县吉亚乡吉亚丽人销售厅（2023年6月）。

（三）幅宽尺寸和产品创新

艾德莱斯是按块出售，而不是按米出售。一块传统的艾德莱斯幅宽一般为45厘米左右，长度一般为6.5米左右，刚好可以裁出一条连衣裙。但是随着人们生活需求的变化，6.5米的传统长度已经不能满足部分消费者做一件完整连衣裙的需求。因此，包括吉亚丽人品牌在内的很多主营艾德莱斯的企业已经将每块艾德莱斯的长度调整为7.5米，这个长度基本上就可以覆盖当前所有女性消费者的需求。❶

目前，除了艾德莱斯的主产区吉亚乡外，洛浦县的其他村镇也有农户从事艾德莱斯的织造工作。其中，大部分农户都可以根据给出的图案完成从扎经染色到织布的整个环节。洛浦县当地很多主营艾德莱斯服饰的企业都会与附近农户形成协作，定期到农户家中收购艾德莱斯。艾德莱斯消费主体，是来自疆内的女性，而艾德莱斯服饰产品，除节庆时候穿着的服饰，也开始朝

---

❶ 洛浦县吉亚乡吉亚丽人品牌工作人员口述（2023年6月）。

着更加成衣化、日常化的方向发展。

四、小结

艾德莱斯服饰始终存在于维吾尔族人民的日常生活中，映射着新疆维吾尔族人民的社会生活。近代以来，新疆维吾尔族人民的服饰生活发生了很大变化，艾德莱斯服饰也在这个过程中呈现出不同维度的改变。艾德莱斯的质地、尺寸和生产织造方式，服饰的款式、搭配方式、穿着人群以及穿着场合等方方面面，都因不同时期的社会发展而呈现出不同的新面貌。进入21世纪，在中华民族伟大复兴和经济快速发展的带动下，新疆艾德莱斯服饰产业也呈现出新的气象，艾德莱斯服饰正在以更加丰富的姿态，装扮着新疆人民的美好生活。

艾德莱斯染色、固色原理及工艺

王建明

新疆维吾尔族艾德莱斯绸织染技艺复杂，做工精细，主要制作工序过程为抽丝、并丝、卷线、扎染、图案设计、捆扎、分线、上机、织绸、制成成品等。艾德莱斯绸的最大特点为印染工艺采用古老的扎经染色法，即在经纱上扎结染色，先按图案要求，于经纱上加以布局、配色、扎结，然后分层染色、整经、织绸。最初艾德莱斯大多使用天然染料进行染色，例如红花、五倍子、石榴花、核桃皮、紫草、绿草、黄栀等，通过提取植物色素直接进行染色，也可以采用含有金属离子的媒染剂进行媒染，提高颜色的深度和色牢度。随着人民生活水平的提高，消费者对艾德莱斯品质提出了更高的要求，大多数天然染料存在掉色严重、日晒牢度差等问题，难以满足人们日常生活的需求。随着科技的进步，合成染料无论从颜色种类、颜色深度、染色牢度（尤其是耐洗牢度和日晒牢度），还是在染色工艺控制、颜色重现性等方面都优于天然染料。因此，目前在市场上销售的艾德莱斯主要为合成染料染色的产品。

一、丝绸染色常用染料及工艺

丝绸染色常用的染料主要有直接染料、酸性染料、活性染料等。各类染料染色后丝绸的颜色、色牢度、染色工艺等存在较大差异。染料不同，染色产品的鲜艳度、上染率、染色工艺和原理不同，染色后产品的质量也存在较大差异。

（一）丝绸酸性染料染色及工艺

1. 酸性染料简介

酸性染料是一类结构上带有酸性基团的水溶性染料，在酸性介质中进行染色。酸性染料大多含有磺酸钠盐，其色泽鲜艳、色谱齐全。酸性染料是水溶性的阴离子型染料，主要用于羊毛、蚕丝和锦纶等的染色，颜色鲜艳度和染色牢度随酸性染料结构的不同显现较大的差异。按照酸性染料上染过程中染浴酸性的强弱，一般分为强酸性染料、弱酸性染料及中性染浴酸性染料（后两者又称为耐缩绒酸性染料）。

蚕丝纤维上由于具有 H_2N—P—COOH 结构，因而含有几乎等量的氨基和羧基，当纤维浸入水溶液中时，氨基和羧基发生解离，形成两性离子 ^+H_3N—P—COO^-。蚕丝等电点的pH为5.5~6.2，当溶液的pH大于等电点时，纤维表面带负电荷；当溶液pH小于纤维等电点时，纤维表面带正电荷。酸性染料在染液中电离成 D—SO_3^- 和 Na^+，在强酸性染料染浴中，纤维表面带正电荷，染料离子带负电荷，纤维与染料通过离子键相结合。

由于强酸性条件下，丝纤维容易受到损伤，一般很少使用强酸性染料对丝绸进行染色（个别鲜艳的颜色除外）。弱酸性染料分子结构中磺酸基所占的比例较少，在弱酸性浴中就能上染；中性染料分子结构中磺酸基占的比例更少，在中性染浴中就能上染。与羊毛相比，蚕丝中的氨基含量较低，约为羊毛的六分之一，耐酸性比羊毛差得多，因此丝绸纤维多采用弱酸性和中性浴染色。

弱酸性染料对于丝绸纤维的亲和力较大，蚕丝纤维的无定型区比较松弛，在水中容易膨化，有利于染料扩散入纤维内部。蚕丝纤维的上染率比在羊毛上大，可以在沸点以下进行染色（染色温度一般不高于95℃）。在弱酸浴中染色，染料和纤维以离子键、氢键和范德华力结合。

中性染料对真丝的直接染色性较高、牢度较好，能在中性和弱酸浴中染色，可与弱酸性染料、直接染料同浴拼染丝绸，对柞蚕丝绸的染色也较适用；氯化钠对其有促染作用，但其染料移染性差，色泽不够鲜艳。染浴的pH能直接影响上染速率，加醋酸有促染作用，为避免染色不匀，染液的pH应控制在中性或近中性。染色时，随着温度的升高，染液中的中性染料分子和水分子一起进入丝纤维的孔隙，并逐渐聚集在丝纤维的无定型区域。在中性染料的染色中，氢键和范德华力所起的作用高于库伦引力。

弱酸性染料色工艺过程：织物于40~50℃入染，以1℃/1.5min的速率升温至70℃，再以1℃/(2~4min)的速率升温至95℃，再染45~75min，然后水洗烘干。

中性染料的染色工艺与弱酸性染料基本相同。由于染料聚集倾向大，导致其匀染性、移染性均较差，可适当减慢升温速度或采用分段升温。

图1为丝绸常用酸性染料的染色、固色工艺流程图。

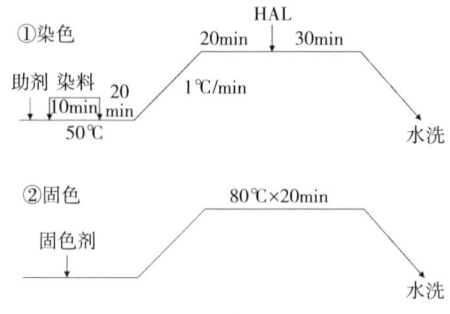

图1　丝绸常用酸性染料的染色、固色工艺流程

2. 影响酸性染料上染的因素

（1）pH：pH是影响酸性染料上染纤维的最重要因素之一。酸性条件下NH_3^+与$D—SO_3^-$形成定位吸附，酸性越强NH_3^+越多，加酸会起促染作用。不同酸性染料上染丝绸纤维的pH不同，这是因为在不同pH条件下酸性染料具有不同的上染速率和匀染性能。染料亲和力越高，所需染液的pH也越高，强酸性浴染色的酸性染料匀染性较好，染浴pH较低，为2.5~4；弱酸性浴染色的酸性染料移染性较差，亲和力较高，染色pH也较高，一般为4~6；中性浴染色的酸性染料亲和力更高，一般在近中性染浴中染色。

（2）染色温度：染色温度是影响酸性染料上染纤维的另一个重要因素。提高染色温度，一方面使染料的聚集程度降低，染液中染料离子的数量增加；另一方面也会提高纤维的溶胀程度，加快染料离子的吸附和扩散率。因此，染色温度达85℃后，酸性染料对丝绸的上染速率会迅速增加，此时对于升温速度的控制是保证匀染的关键影响因素。超过临界染色温度后，控制升温速率对酸性染料的染色十分重要。通常根据染料聚集倾向大小、扩散性、移染性能高低来控制始染温度、升温速率和染色时间，从而达到匀染、透染的目的。

（3）染色助剂：染色助剂是保证酸性染料能够均匀上染纤维的添加剂。对强酸性和弱酸性浴染色的酸性染料来说，元明粉是有效的缓染剂，但对中性染浴酸性染料来说会起到促染作用。为了提高酸性染料的匀染性，常常使用一些具有缓染作用的表面活性剂。含有脂肪长链的磺酸或硫酸酯类阴离子表面活性剂在酸性介质中和染料阴离子发生竞染作用,能够降低染料阴离子的上染速率,起缓染作用。

阳离子表面活性剂会在染液中与染料阴离子形成松弛的结合,降低单分子状态的染料阴离子浓度,但这种结合是不牢固的。随着染料阴离子逐渐上染到纤维上,染液中的染料浓度降低,结合的染料阴离子会被逐步释放出来,上染纤维。阳离子表面活性剂不仅能起到缓染作用,还会使染浴的稳定性变差,甚至造成染料沉淀,最好与非离子表面活性剂一起使用。非离子表面活性剂对酸性染料的缓染作用主要是通过其疏水部分与染料阴离子的疏水部分结合,在上染过程中逐渐释放出染料阴离子而起到缓染作用。非离子表面活性剂单独使用时的缓染作用比阴离子和阳离子表面活性剂弱。

3. 酸性染料染色常见疵病及原因

(1) 色花:表面出现不规则条状或块状的色泽不匀。

①弱酸性染料 pH 偏低,上染速率过快;②起染温度过高,初染速率过快或保温时间不足,移染作用不够;③染料溶解不匀,染料溶解不充分,在染浴中分布不匀;④弱酸性染料染色时,促染剂添加过快。

(2) 色差:在相同原料染相同色号情况下缸与缸之间会产生色泽差异。

①每批(次)染色时浴比、温度、时间、助剂用量不相同;②部分对还原敏感的弱酸性染料染丝绸纤维时温度过高,引起色光变化;③摩擦和耐洗牢度差,摩擦和皂洗时沾色严重;④染料选择不当,染色时间不够,扩散不充分,表面浮色多,水洗不充分,酸性染料固色处理不当等。

(二)丝绸直接染料染色及工艺

直接染料虽鲜艳度不及酸性染料,但在真丝上的染色牢度比酸性染料好、得色深、价格便宜、操作方便。在真丝绸染深色时,常应用亲和力大的直接染料与酸性染料拼混,特别是染双色、三色时。另外,直接染料还可以弥补酸性染料色谱不全的缺点。

1. 直接染料上染真丝绸机理

直接染料能溶解于水,在有电解质的水溶液中染着纤维,真丝在弱酸性或中性浴中进行染色。在蚕丝纤维结构中除含有氨基和羧基外,还存在少量羟基,当丝纤维在水中膨化时,直接染料分子中的—OH和—NH$_2$基团能与丝纤维上的—NH$_2$和—OH基团间形成氢键,固着在纤维上。

2. 常用桑蚕绞丝的浸染工艺流程

绞丝精练→水洗→染色→水洗→脱水→固色→水洗→上油→脱水→烘干。

3. 处方举例

染料(OWF,%)	2
氯化钠(g/L)	6
平平加O(g/L)	0.2
温度(℃)	90
浴比	1:40

4. 染色工艺

试样用温水浸透挤干,按处方计算吸取染液毫升数,加入平平加O,并稀释至规定量,40℃试样入染,15min内升温至90~95℃以上,再染30min;分两次加入电解质,染色15min加入1/2量,再染色15min,加入剩余量电解质。染色时应注意保持染浴体积不变,染毕对试样进行固色。

5. 固色处方

固色剂y(g/L)	3.5
平平加O(g/L)	0.01
浴比	1:30
温度(℃)	50
时间(min)	30

(三)丝绸活性染料染色及工艺

活性染料又称反应性染料,可溶于水。活性染料分子中含有能与纤维素中的羟基和蛋白质纤维中氨基发生反应的活性基团，染色时与纤维生成共价键，生成"染料—纤维"化合物。活性染料具有颜色鲜艳、均染性好、染色方法简便、染色牢度高、色谱齐全和成本较低等特点，主要应用于棉、麻、黏胶、丝绸、羊毛等纤维及其混纺织物的染色和印花。活性染料用于真丝染色，色泽鲜艳，染色牢度好，可用酸性浴或中性浴染色，固着率高，但染液的pH不能太高，应控制在8～9。

活性染料和丝纤维间的化学结合牢固高于直接染料和酸性染料。应用活性染料染真丝织物，有望从根本上解决真丝绸的染色性能。活性染料颜色鲜艳，能适应蚕丝产品对鲜艳度的要求。由于真丝染色温度高时，容易造成纤维擦伤，所以用活性染料染真丝一般宜选用反应性较高的活性染料。在真丝染色中能获得较好效果的活性染料有二氯均三嗪型、二氟一氯嘧啶型等。因为反应性较高的染料可以在较低温度下染色，不但工艺简便，而且能避免真丝针织物因高温染色产生"灰伤"。

1. 活性染料上染真丝的机理

活性染料在真丝上的上染，主要是依靠活性染料分子结构中的活性基，在染色过程中与蚕丝纤维中的氨基以共价键结合，生成染料—亚氨基化合物。真丝纤维在等电状态时，纤维除呈现完全不电离的形式，主要是分子中羧基和氨基同时离解和接受质子的形式存在，此时纤维本身表现中性。其染色机理为：

染料—Cl＋丝纤维—NH$_2$ ⟶ 染料—NH—丝纤维＋HCl

活性染料在弱酸性、中性或弱碱性条件下都能上染真丝纤维，在弱酸性条件下，活性染料主要通过氢键、范德华力和离子键与纤维结合，湿处理牢度较差；在中性条件下，染料与纤维除通过氢键和范德华力结合外，还有少量的共价键结合；在弱碱性条件下，染料和真丝纤维中的—OH、—NH$_2$发生反应，主要通过共价键与真丝纤维结合，湿牢度好于中性条件下染色。由于丝纤维耐碱性较差，因此染色时pH不宜太高，一般控制在9左右，否则会影响真丝的光泽和手感。活性染料在酸性条件下（等电点以下）与真丝结合如图2所示。

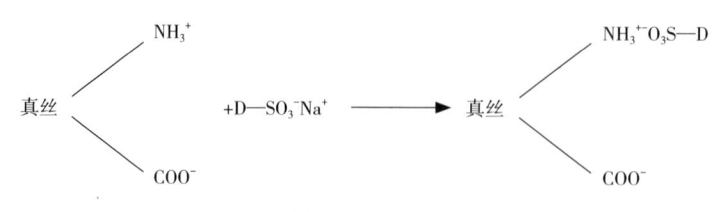

$$真丝{\overset{NH_3^+}{\underset{COO^-}{<}}} \quad +D{-}SO_3^-Na^+ \longrightarrow \quad 真丝{\overset{NH_3^+{}^-O_3S{-}D}{\underset{COO^-}{<}}}$$

图2　活性染料在酸性条件下与真丝结合过程

在酸性浴中，带有阴电荷的活性染料可与真丝纤维以离子键结合，这是酸性浴中活性染料上染真丝纤维的主要原因。在酸性条件下仍有氨基与真丝纤维的共价反应，但真丝纤维上的氨基含量很低（0.2mol/kg），故酸性条件下的共价键结合强度有限。在碱性浴中染色，主要是真丝纤维上的氨基和羟基氧负离子与染料分子中活性基团的亲核取代（或加成）反应，以共价键结合。碱剂的加入有利于真丝纤维—NH_2的存在和真丝纤维—OH电离成氧负离子，从而有利于染料与纤维以共价键结合。以一氯均三嗪型染料为例，其反应如图3所示。

$$D{-}B{\overset{\delta^+}{\underset{N}{\frown}}}C{-}Cl + H_2N{-}真丝 \longrightarrow D{-}B{\overset{\delta^+}{\underset{N}{\frown}}}C{-}HN{-}真丝$$

一氯均三嗪型活性染料　　　　　　　　　亲核取代反应

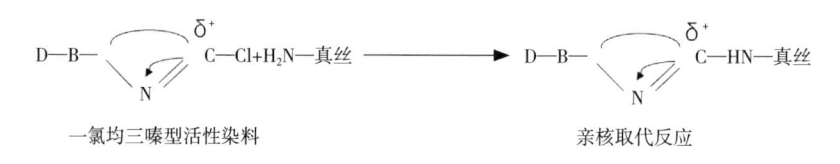

图3　一氯均三嗪型染料上染真丝

真丝纤维分子结构相对较单一，反应性基团只有羟基，且羟基须在碱性条件下才能离子化和活性染料发生共价结合，故在酸性条件下很难上染。活性染料按照活性基的不同可以分为：X型、KN型、K型、B型等，有些活性染料含有两个甚至两个以上的活性基团，不同活性染料在上染丝绸时所需pH、温度、电解质浓度等对固色率和染色产品的皂洗牢度、摩擦牢度影响较大。染色时需根据染料种类的不同制定合理的工艺条件。例如，KE型活性染料染色的优化工艺为：元明粉60g/L，pH为4.6、温度85℃，染料上染真丝的固色率较高。尤纳素系列活性染料染真丝绸优化染色工艺为：元明粉80g/L，pH为8，室温入染，升温至80℃，保温固色45~60min。

2. 活性染料用于真丝染色存在的问题

（1）活性染料染色的深染性问题。真丝活性染料染色的深染性问题一直是丝绸印染生产中的难题，特别是特黑、深藏青、深红等色泽，色泽深度达不到要求，且存在色牢度不达标的弊端。近年来，我国相继开发了一些深染性较好的活性染料，特别是黑色品种。例如活性黑KN-GZRC、EF-ZBG、EF-ZBR等，已推广应用，与过去的活性黑KN-B相比有很大的提高，且KN-GZRC还加工成颗粒型，乌黑度较高，无粉尘飞扬。

（2）活性染料与助剂配套问题。活性染料的印染要获得更好的效果，除了活性染料的本身结构这一最重要因素外，助剂的配套、印染技术的改进也是十分重要的。例如，选用适当的助剂提高染料的固色率，改善真丝纤维的深色性。目前国内有关丝绸活性染料上染丝绸的专用助剂开发研究较少，大部分是原有助剂的复配与改良，应用效果有待进一步提升。

（3）活性染料的溶解性问题。活性染料与国产的直接、酸性、中性染料一样存在一些差距，部分染料品种相较于进口染料来说溶解性较差且杂质含量较多，溶解也不如国外活性染料容易，需要进一步改善活性染料的品质。

（4）真丝绸活性染料印染目前仍处于起步的阶段，存在较多问题需要解决，如大浴比的染色重现性、浅色的色花，传统真丝绸染色设备与活性染料工艺需求不配套的问题等。

（5）由于在碱性条件下，染液中吸附在纤维上的活性染料与水中的氢氧根离子发生亲核取代反应或亲核加成反应，生成水解活性染料，不能再与纤维发生键合反应，从而造成染料的浪费。碱性过高导致水解比例增加，需要控制染浴的pH。反应性高的染料所需的固色温度低。中性电解质具有促染和提高固色率的作用，但过量的电解质的加入会使染料发生聚集或沉淀。虽然浴比越小，固色率越高，但浴比过小会影响匀染性。

（四）金属络合染料丝绸染色工艺

1. 酸性媒介染料

用某些金属盐（如铬盐、铜盐等）为媒染剂处理后，在织物上形成金属络合物的酸性染料。媒染手续较烦琐，但耐晒、耐洗、耐摩擦牢度等性能较好，该类染料所用的络合剂大都是重金属离子，在丝绸染色中很少使用。

2. 酸性络合染料

由某些酸性染料与铬、钴等金属络合而成。可溶于水，耐晒、耐光性能优良。染料母体和酸性媒介染料相似，但在制备染料时，已将金属原子引入偶氮染料分子中，金属原子与染料分子比为1∶1，故又称1∶1金属络合染料。该类染料染色时不需要再用媒染剂处理，但须在强酸浴中染色，对丝绸、羊毛有损伤，目前使用较少。

另一类酸性络合染料分子中不含有磺酸基，而含有磺酰氨基等亲水基团，分子中金属原子与染料分子比为1∶2，故又称1∶2金属络合染料。在中性或弱酸性介质中染色，所以也称为中性染料。染料结构复杂，分子量大，疏水性部分比例大，水溶性不好，对丝绸等纤维的亲和力高，移染性和匀染性差，常在近中性浴中染色，色泽不够鲜艳，但染色深度高，染色产品的熨烫和湿处理牢度好。1∶2型中性染料的染色工艺可以参考中性染浴酸性染料的染色工艺进行制定。但中性染料的选择和染色工艺控制较为复杂，主要体现在以下几点。

（1）谨慎选用染料。含铜、铬和镍的金属络合染料是用特定结构的染料与金属络合剂预先制成金属络合物的染料。生态纺织品对重金属离子的浓度限量值越来越低，按照我国《国家纺织产品基本安全技术规范》（GB 18401—2010）中规定，铜或镍应不超过50ppm/kg纤维（儿童服装25ppm/kg），铬应不超过2ppm/kg纤维（儿童服装1ppm/kg）。因此，需要严格控制染料本身重金属离子的含量。

（2）染色用水。染色用水硬度最好在50~150mg/kg，如果水质硬度偏高，则可添加0.5~2g/L螯合剂，以改善水质。但磷酸盐类或表面活性剂之类的螯合剂，会不同程度地破坏染料本身的螯合作用，影响色泽鲜艳度和色牢度。因此，染色时必须筛选螯合剂，切勿盲目使用。

（3）化料方法。由于酸性络合染料的溶解性不一致，染色前的化料要区别对待。一般先用冷水调成浆状，然后用热水或沸水冲化稀释，使之溶解。有时因为商品化染料中加有填充剂，导致溶解困难，必要时需边煮边搅拌，直至充分溶解，最后经筛滤缓慢注入染浴，防止形成色点（斑）。

（4）酸的作用。硫酸、蚁酸（甲酸）和醋酸，都是酸性和酸性络合染料的促染剂。有时为了使染料进一步上染（吸尽），往往要在染色中、后期追加酸的用量。但追加时需事先稀释，停止加热，缓慢加入，以防染花。

（5）元明粉的作用。有时酸性络合染料需pH在4以下进行染色，元明粉可作为缓染剂。如果染浴介质pH在4以上，则不宜采用元明粉，这会增加染料的聚集倾向；应采用非离子表面活性剂，如平平加O和乳化剂OP等作缓染剂。用量应根据颜色深浅、染色容器而定。

（6）染色后水洗温度。染色后水洗温度不宜过低，一般应控制在50~60℃，主要防止织物产生折皱，影响手感。

（7）固色剂处理。对色牢度要求高的织物，酸性络合染料染色后可采用阳离子型固色剂（粉状）2%~6%（OWF），浴比1:（20~30），温度55℃，浸渍30min。尤其是蚕丝织物，通过固色，一般色牢度可以提高0.5~1.5级。

（8）烘干温度。酸性金属络合染料不同程度地存在热敏性，尤其是红色和蓝色。在干燥过程中温度不宜过高，以防颜色发生变化，且不容易复原。

（五）天然染料的提取及丝绸染色工艺

在1856年发明合成染料以前，所有真丝绸染色和印花均采用源于动植物和矿物的天然色素。源于植物的天然染料品种较多，中国古代常用的有蓝靛草、茜草、红花等。动物源染料较少，主要有虫胶紫、胭脂红等。矿物质颜料有丹砂、粉锡、铅丹、赭石等。古代印染方法除了缸染以外，有描绘法、扎染法、蜡染法、凸版和镂版印花法。

目前天然染料的提取、配色以及在织物印染中的应用都不如合成染料方便，天然染料难以预制稳定剂型。值得注意的是，自1996年德国和其他欧美国家开始禁用部分偶氮染料，科学家发现这些染料对人体有致畸变、致癌和致过敏等危害。这唤起了人们对绿色环保染料的重视，应用最多的天然染料则是植物源染料。

植物源染料是从植物的根、叶、树皮、茎秆或果实中提取的，按其化学组成可分为类胡萝卜素类、姜黄素类、蒽醌类、靛蓝类、叶绿素类和鞣质类（又称为单宁类）等。类胡萝卜素包括叶红素和叶黄素两种，广泛存在于植物叶片、块茎、果实中，在酸性条件下易氧化褪色。姜黄素存在于郁金植物和姜黄的根茎中，不耐光照。蒽醌类染料存在于植物的根中，多种重要的红色天然染料均属此类化学组成物。蒽醌类染料的耐光牢度好，易形成金属化合物。靛蓝染料主要用于棉布印染，例如，目前市场流行的蓝印花布传统工艺即用靛蓝染色后刮印"灰浆"拔染而成。叶绿素是一种从植物叶、茎中提取的绿色染料，颜色鲜艳但易氧化。鞣质植物染料一般含水解类单宁，易水解产生双没食子酸等，会络合各种金属离子使纤维染色，例如传统丝绸产品薯莨绸就是利用单宁的铁络合物染成黑色。

植物染料的提取一般利用当地资源丰富的植物种类，因此有较大地域局限性。在世界范围内，印度是植物资源丰富的国家，因而植物染料研究比较活跃，开发利用较早，应用较广。印度在真丝印染中应用较多的植物染料主要有下列几种：麻风树花、马缨丹花、印度小檗属树根、大戟属树叶、茜草科灌木叶、胡桃树皮等。绿胡桃壳的油提炼剂和醇提炼剂在印度用作染发剂，用明矾作媒染剂。胡桃树皮在媒染剂处理过的丝绸上染得棕黄色。马缨丹包括约50种常绿灌木和草本植物，常见马缨丹品种均为野生耐旱植物，可长到1.5～3.0米高。簇叶为深绿色，而花刚开时为粉红和黄色，随后变为红色或橙色。利用其花可染纯白色到淡紫色的系列色泽。大戟是一种可长到2～10米的高大灌木，这种落叶灌木通常在冬季长叶，其椭圆形大叶片在冬季有深红、大红、白色或黄色等多种色泽，是一种丰富多彩的天然色素。

部分天然植物染料为媒染染料，其本身可用色泽范围有限且色牢度较差。同一种天然植物染料应用不同媒染剂可在织物上染得不同色泽。常用媒染剂有硫酸铝钾（明矾）、硫酸铜和硫酸亚铁。媒染方法一般采用预媒染法、同媒染法或后媒染法。预媒染法把脱胶真丝绸放入媒染剂溶液中煮30min，然后进行染色。同媒染法是把所需量的媒染剂加入染料溶液中，然后进行真丝绸染色。后媒染法是先进行真丝绸染色，然后放入媒染剂溶液中处理。不同染料有时要用不同媒染法才能达到最佳染色效果，即使同一种染料染色，如采用不同媒染剂也要相应改变媒染法。真丝绸用麻风树花染料并且采用三种不同媒染剂染色，均以预媒染法的染色效果为佳。茜草科灌木叶染料采用同媒染法为佳。马缨丹花染料则适用于后媒染法。小檗根染料硫酸亚铁媒染适用预媒染法，而明矾媒染适用同步媒染法，硫酸铜媒染则适用后媒染法。真丝绸适用胡桃树皮染料染色，预媒染法适用于明矾媒染，而硫酸铜和硫酸亚铁媒染则适用同步媒染法。

植物染料提取一般是在酸或碱溶液中以100℃煮炼原料，也可在水中煮炼，然后把织物直接放入染料溶液中染色。国内外的研究表明，麻风树花、马缨丹花、茜草科灌木叶和大戟叶染料最好用酸溶液提炼，而胡桃树皮和小檗根染料最好用碱溶液提炼。所有这些染料中除印度小檗根以外，酸碱浓度以1%为佳，而小檗根染料提炼应该用8g/L碱溶液。马缨丹花、大戟叶和胡桃树皮煮炼时间为90min，而麻风树花、茜草科灌木叶和小檗根染料煮炼时间以60min为佳。真丝绸在上述染料溶液中的染色时间，麻风树花和茜草科灌木叶染料为30min，小檗根和胡桃树皮染料以45min为佳，大戟叶染料以60min为佳，而马缨丹花染料以75min为佳。在上述三种媒染剂中，明矾的应用浓度较高。麻风树花、茜草科灌木叶和小檗根染料用5%浓度明矾较好；马缨丹花和胡桃树皮染料以10%为佳；大戟叶染料以15%为佳；麻风树花和马缨丹花染料以1%~3%较好；其他染料以2%~4%为佳。所有这些染料除小檗根以外，用2%浓度硫酸铜均可获得良好的染色效果，而小檗根染料用3%浓度则可达到优良效果。硫酸亚铁媒染剂应用浓度，麻风树花和茜草科灌木叶染料以1%较好，小檗根和胡桃树皮染料以2%为宜，大戟叶染料以3%为佳，而马缨丹花染料以4%为佳。

二、艾德莱斯固色工艺及效果

（一）艾德莱斯基本参数（图4、表1）

检测的成品艾德莱斯基本参数为，尺寸：170厘米×43厘米×4.3毫米，克重：106克/平方米。

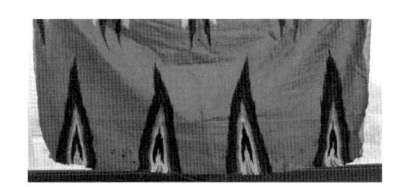

图4　测试样品外观

表1　成品艾德莱斯主要颜色的特征值（Lab）

颜色	L	a	b	色图
红	38.50	54.06	27.27	
蓝	27.88	20.32	−6.63	
黄	20.41	1.82	0.38	

（二）艾德莱斯色牢度测试

参照《纺织品　色牢度试验　耐摩擦色牢度》（GB/T 3920—2008）及

《纺织品 色牢度试验 耐皂洗色牢度》（GB/T 3921—2008），实验结果见表2。

表2 未处理艾德莱斯色牢度

级数	布		红色布样			黄蓝色布样		
	干摩擦	湿摩擦	毛沾色	棉沾色	褪色	毛沾色	棉沾色	褪色
原布样	3~4	1	2	1~2	4	3~4	1	4

测试结果表明，成品艾德莱斯的各种色块除干摩擦牢度为3~4级以外，其他色牢度都在1~2级，不能满足国内服装强制性标准《国家纺织产品基本安全技术规范》（GB 18401—2010）的要求。

（三）**固色后处理**

为了进一步提高艾德莱斯成品的色牢度，分别对艾德莱斯成品进行了固色处理，实验结果如下（表3）。

醋蒸法处理织物工艺处方：

    浴比   1∶50

    冰醋酸（g/L）   2

    温度（℃）   100

    时间（min）   20、40

表3　醋蒸后织物色值

级数	布样色值	L	a	b	色图
醋蒸20min	红	35.72	52.15	26.34	
醋蒸20min	蓝	33.89	−10.41	−31.63	
醋蒸20min	黄	22.25	18.71	−0.94	
醋蒸40min	红	36.56	53.71	27.68	
醋蒸40min	蓝	54.15	2.54	45.13	
醋蒸40min	黄	27.12	2.61	−17.98	

醋蒸后Lab值变化不大，表示醋蒸处理对颜色影响较小（表4）。

表4　醋蒸后色牢度值

级数	布		红色布样			黄蓝色布样		
	干摩擦	湿摩擦	毛沾色	棉沾色	褪色	毛沾色	棉沾色	褪色
醋蒸20min	4	2	2~3	2~3	4~5	4~5	2	4~5
醋蒸40min	3	2~3	3	3	4~5	3	2	4~5

醋蒸处理后色牢度提高1~1.5级，大部分指标达到国标要求，湿摩擦牢度仍为2~3级。

1. 固色剂处理

采用固色剂对成品艾德莱斯进行固色处理，固色处方及结果如下（表5）。

酸性固色剂（OWF，%）	4（含固量20%）
浴比	1∶20
温度（℃）	80
浸泡时间（min）	20、40

表5 酸性固色剂处理后色牢度

级数	布		红色布样			黄蓝色布样		
	干摩擦	湿摩擦	毛沾色	棉沾色	褪色	毛沾色	棉沾色	褪色
原布+酸性固色剂	3~4	2	1~2	3~4	4	4~5	1~2	4
醋蒸20min+酸性固色剂	3~4	2	2~3	1~2	4~5	3~4	1~2	4~5
醋蒸40min+酸性固色剂	3~4	2	3	1~2	4~5	3~4	4	4~5

实验结果表明，醋蒸+酸性固色剂对湿摩擦牢度提升不明显、对红色皂洗色牢度提高较大。

2. 无醛固色剂处理（表6）

工艺处方：

固色剂（g/L）	20（含固量10%）
浴比	1∶20
酸碱条件（pH）	5~6
温度（℃）	40~50
时间（min）	20、40

表6　无醛固色剂处理后色牢度

级数	布		红色布样			黄蓝色布样		
	干摩擦	湿摩擦	毛沾色	棉沾色	褪色	毛沾色	棉沾色	褪色
原布+无醛固色剂	3	2	4~5	2	4	4	2~3	4~5
醋蒸20min+无醛固色剂	3~4	3	2~3	2~3	4~5	4	2~3	4~5
醋蒸40min+无醛固色剂	3~4	3	3~4	2	4~5	3~4	3	4~5

实验结果表明，醋蒸+无醛固色剂对样品的湿摩擦牢度、皂洗色牢度提升比较明显。

（四）结果讨论

醋蒸处理后成品艾德莱斯各项色牢度性能有所提升，醋蒸40min色牢度等级提升明显，处理方便。酸性固色剂对于干摩擦牢度提升较大，无醛固色剂处理后皂洗色牢度有所增加。

三、建议

提升艾德莱斯产品各种颜色色牢度，应该从丝绸纤维的脱胶、染色工艺、选择染料种类、加强后续固色工艺（固色剂种类、固色时间和温度、固色剂浓度等）等方面系统进行优化。

（一）丝绸纤维脱胶

脱胶工艺可以选用酶练法、皂碱法、酸碱合成洗涤剂法等。根据需要采取全脱胶工艺或部分脱胶工艺。实际生产上要求脱胶均匀，保证丝纤维及其制品具有良好的光泽和手感。

（二）扎经

以捆扎均匀、结实为原则。在染色过程中，捆扎用绳（捆扎线）尽可能不上色，以避免串色，保证捆扎处染色后的白度。

（三）染色过程

1. 染料溶解

采用少量的温水先将染料调成浆状，然后逐渐加水稀释至规定的浓度，在染料溶解过程中尽可能使用软水，如果水质较硬（水中的钙镁离子含量较高），可以使用软水剂先将水质软化后再溶解染料。

2. 染色工艺

丝绸纤维可以采用直接、酸性、活性染料及天然染料进行染色，每种染料的染色工艺不同，染色过程中应严格控制染色温度、时间，染色助剂的用量和施加方法与染色深度和染料种类密切相关。

3. 染色后处理

染色后的样品先用温水充分洗涤，待清洗液变为无色后再进行固色处理，固色过程中根据所用染料的不同选用适当的固色剂，严格控制固色时间和固色剂的用量，在固色过程中充分搅拌。

下篇

万方乐奏有于阗
中国式现代化视野与和田服装产业发展研究

和田地区艾德莱斯产业营销方式创新路径研究

王保鲁、王逸行

新疆和田地区因为其独特的区位优势和民族特色，在"一带一路"倡议中发挥着举足轻重的作用。作为著名的丝绸之乡和玉石之乡，和田地区在明清时期就广泛地开展了丝绸织锦的加工与售卖[1]。随着新中国成立后现代化工业体系的建设，尤其是近年来，19省市对口援疆计划、"一带一路"倡议等的实施，也使新疆和田地区纺织服装产业迎来了加速发展的良好机遇。同时，和田地区还是新疆传统手工艺织品艾德莱斯绸的发源地与主要产区。其中，和田市吉亚乡是艾德莱斯绸技艺重点保护基地和最大产地，更享有"艾德莱斯丝绸之乡"的美誉。作为维吾尔族民族服饰的重要组成部分，艾德莱斯绸织染技艺已入选第二批国家级非物质文化遗产名录，艾德莱斯产品也成为和田地区纺织服装产业的代表性产品，除满足当地群众需求以外，还供应了整个新疆市场，并出口到乌兹别克斯坦、哈萨克斯坦等国家[2]。艾德莱斯产业在和田地区经济发展中发挥着重要作用。

但同时，受地域影响与资源的约束，和田地区艾德莱斯产业发展速度较慢，传统经营模式下产业增长潜力后劲不足，面对以信息化传播为主的现代商业体系，应对措施不足，营销模式单一[3]。如何充分发挥艾德莱斯产品的特色优势，并借助创新营销方式提升产业竞争力，成为和田地区产业发展的关键性问题。

一、和田地区艾德莱斯产业现状分析

和田地区地处南疆的区域性特征，以及由此带来的资源约束性，对于艾德莱斯产业的扩大与创新发展影响颇深。为了更好地了解和田地区艾德莱斯产业发展现状，本文通过作者实地考察，以及对相关产业报道、政府公开数据、现有学者研究等进行汇总与分析，采用SWOT法进行分析，尝试解读和田地区艾德莱斯产业发展的内部优势和劣势、外部机遇和威胁变化等。

（一）产业发展优势

一是劳动力资源优势明显。据第七次全国人口普查，和田地区有常住人口250余万人，其中中青年劳动力人口约占60%，每年新增10多万劳动力进入就业市场。据统计，和田地区2022年全年居民人均可支配收入17192元。在2022年11月和田地区人力资源和社会保障局发布的《和田地区2022年部分行业、工种（岗位）劳动力市场工资指导价位》中，纺织服装行业的裁剪工中价位工资仅为3502元、缝纫工为2545元，远低于我国东部纺织服装集群地区工资水平；而具有较高技术含量的服装制板师，其中价位工资为9207元，仍低于东部同类岗位人员工资水平。以上显示了和田地区有较为充沛的劳动力资源，且劳动力成本较低，满足了纺织服装产业初级发展阶段的劳动密集型要求。

二是艾德莱斯产品具有特色地域文化属性。作为和田地区的特色纺织服装产品，艾德莱斯产品的图案、色彩、工艺等极富民族性气质，其绚丽多变的色彩与纹样辨识度极强，具有鲜明的文化符号属性[4, 5]。同时，和田地区身为艾德莱斯发源地，在艾德莱斯技艺传承、形象传播、文化解读、民族品牌打造中具有先天优势，在产品、产业的推广中也可充分发挥"原产地效应"。

（二）产业发展劣势

一是土地资源约束下多分散经营。和田地区产业发展受土地资源约束明显。在和田地区总面积中，山地占33.3%，沙漠戈壁占63%，而适宜人口居住与产业发展的绿洲仅占3.7%，且被沙漠和戈壁分割成大小不等的300多块，导致和田当地产业多呈分散化经营状态，缺乏整合，产业聚集优势不足，未形成区域竞争合力。艾德莱斯生产以零散作坊或个体户为主，稍大的合作社有四五十台织布机，而稍小的个体户一般仅有一到两台织布机，且分布在不同行政村，很难做到统一化管理，更没有形成供应链条完备、资源互补的产业集群[6]。

二是产品与销售渠道单一。现有艾德莱斯产品仍以服装、服饰用品的初级制品为主,多为连衣裙、围巾、帽子、领带、挎包等,产品设计创新性不足,适用场景较为单一[7]。同时受限于生产技术,不同企业间产品差异化程度较低,在市场竞争中往往只能靠价格取胜,进一步降低了艾德莱斯产品的市场价值。另外,绝大部分的中小公司、个体户作坊没有能力组建专业的市场营销团队,导致营销渠道的建设缺乏多样性,销售对象主要集中在新疆内部和西北地区。有少数企业尝试布局线上渠道,但效果不甚理想[2]。

三是品牌意识薄弱。在和田地区工商局注册的艾德莱斯企业中,主要有吉亚丽人、永辉等,但这些企业多缺少完整、系统的品牌形象,对于品牌标识、典型产品、品牌包装等视觉形象的外宣、推广和创新机制不够完善,导致以上企业在和田地区以外的知名度较低,很难在市场上获得更多的曝光度和关注度。同时,对于品牌文化的营造也存在不足,对艾德莱斯传统文化的挖掘不够,且艾德莱斯产品的规范标准等依然不健全,产品质量把控不一,也让作为和田标志性产品的艾德莱斯难以形成品牌效应。

四是专业化人才缺失。艾德莱斯产品的设计、生产、工艺技术、销售等多以粗放式管理为主,缺少专业化人才。对于艾德莱斯产品的设计创新较少,企业多为来样加工或固定纹样的简单组合;制作工艺多为师徒制传承,缺少对现代化加工制造技术的学习与应用;缺乏强有力的经营网络体系和专业营销管理人才,销售主要依赖订单和门面店铺,网店经营管理和技术操作水平较低,不能及时解决顾客诉求;企业管理者在市场信息的获取、分析和决策上多依赖过往经验,对于现代营销手段等认知不足,营销推广意识淡薄。

(三)产业发展机会

一是乡村振兴战略政策支撑。近年来,国家相继出台了有关实施乡村振兴战略的政策及实践举措。中共中央、国务院印发《乡村振兴战略规划

（2018—2022年）》指出："以各地资源禀赋和独特的历史文化为基础，有序开发优势特色资源，做大做强优势特色产业。"2022年，新疆维吾尔自治区人民政府印发了《关于加快承接纺织服装等劳动密集型产业转移促进就业的实施意见的通知》，为新疆各地纺织服装产业的发展提供了重要依据与支撑。在政策指引下，和田市委、市政府在吉亚乡专门规划了和田艾德莱斯丝绸生产基地，并计划建设占地702亩的艾德莱斯绸集聚产业园，为艾德莱斯产业发展带来新机遇。

二是"一带一路"倡议拓展了新兴市场。随着"一带一路"倡议的实施，党和国家持续大力推进对外经济贸易发展和地区经济发展，积极发展与沿线各国的经济伙伴关系，促进贸易往来。近年来，新疆与周边地区的国际贸易额呈不断上升的趋势。和田地区有着独特的区位优势，与自治区内重要的国际贸易关卡喀和铁路、吐和高速相连，各种民族特色类产品可以由此进入中亚、欧洲地区。

三是数字经济下商业模式转变。随着信息技术和数字经济对传统商业模式的赋能与改变，传统经济模式下的"供给—需求"关系被打破，新型商业形式不断涌现[8]。新兴媒体拓宽了营销卖场与推广渠道，品牌与产品的消费者触达更为便利高效。例如，在微博平台和小红书平台检索发现，近年来与艾德莱斯相关内容逐渐增多，与新疆旅行、当地民族风格服饰穿搭等有关的博文点赞数较高；同时随着北京时装周对艾德莱斯设计产品的宣传报道，艾德莱斯相关信息的传播热度不断升高。近年来，新疆农村电商发展势头良好，南疆地区农村电商交易额保持大幅增长，部分艾德莱斯企业也开始了线上直播形式的销售尝试。

（四）产业发展威胁

同类产品市场竞争力不足。艾德莱斯作为丝绸类产品，在与内地其他丝绸类产品的市场竞争中，面料品质、制作工艺等方面并不占据优势，在内地市场更多被贴上少数民族文化特色产品的标签，而非日常消费品。同时因为对艾德莱斯的宣传推广不足，现有市场上缺乏有影响力的品牌，难以俘获普通消费者青睐。另外，和田地区近年来桑蚕养殖数量减少，艾德莱斯优质原材料多从内地采购，提升了艾德莱斯的生产成本[9]。因距离产生的运输成本过高等问题，也让艾德莱斯产品很难进入内地市场。

由以上分析可知，和田地区艾德莱斯产业拥有劳动力资源丰富和民族文化底蕴深厚的优势，但受区域与资源约束的影响，产业经营分散、营销方式单一、品牌意识薄弱、专业化人才缺失，导致产业发展较为缓慢。随着国家乡村振兴战略、"一带一路"倡议、"数商兴农"工程等的实施，以及新时期新型营销方式的出现，为和田地区纺织服装产业发展带来新的机遇。根据SWOT分析法要求对和田地区艾德莱斯产业现状进行战略组合比较分析，结果如图1所示。

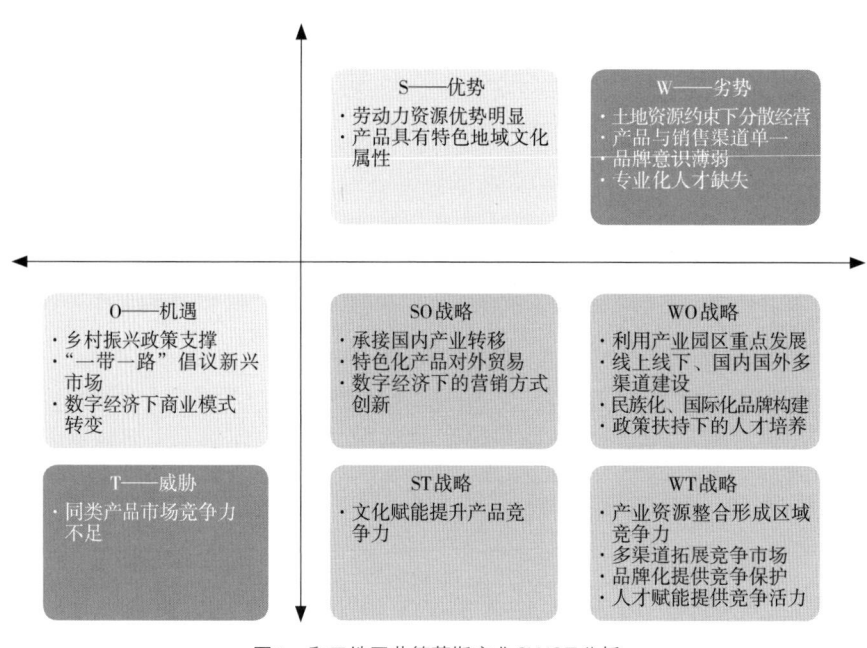

	S——优势	W——劣势
	·劳动力资源优势明显 ·产品具有特色地域文化属性	·土地资源约束下分散经营 ·产品与销售渠道单一 ·品牌意识薄弱 ·专业化人才缺失
O——机遇 ·乡村振兴政策支撑 ·"一带一路"倡议新兴市场 ·数字经济下商业模式转变	SO战略 ·承接国内产业转移 ·特色化产品对外贸易 ·数字经济下的营销方式创新	WO战略 ·利用产业园区重点发展 ·线上线下、国内国外多渠道建设 ·民族化、国际化品牌构建 ·政策扶持下的人才培养
T——威胁 ·同类产品市场竞争力不足	ST战略 ·文化赋能提升产品竞争力	WT战略 ·产业资源整合形成区域竞争力 ·多渠道拓展竞争市场 ·品牌化提供竞争保护 ·人才赋能提供竞争活力

图1 和田地区艾德莱斯产业SWOT分析

SO战略要求充分发挥优势，把握产业发展机会，和田地区要利用乡村振兴战略、对口帮扶等政策，积极承接国内产业转移；在"一带一路"倡议下，以自身特色纺织服装产品，扩大海外新兴市场；以数字经济创新商业模式，更新传统经销方式。WO战略要求利用外部机会，弥补产业发展劣势，和田地区因此要通过帮扶援建，集中建设产业园区，整合纺织服装行业资源；积极尝试线上线下、国内国外多渠道营销，拓展销售通路；发挥产业的特色文化属性，在国内与国外市场进行品牌化构建；积极整合产业发达地区的人才资源，重视自身产业人才培养。ST战略要求扬长避短，利用产业优势减轻市场威胁，和田地区因此要注重产品文化挖掘，以文化赋能提升品牌价值。WT战略要求注重自我优化，减少内部劣势以规避外部威胁，和田地区因此要在产业资源整合中形成区域竞争力；通过多渠道营销拓展竞争市场；通过品牌化运营构建竞争壁垒，以及利用人才资源获得持续竞争活力。

二、新型营销方式的在地实践探讨

通过对和田地区艾德莱斯产业的现状分析，为促进产业升级，改变原有产业经营模式、创新发展新型营销方式势在必行。考虑到传统售卖形式下和田地区艾德莱斯产品与消费者间的地理限制，以新媒体技术与移动信息技术为主要特征的新型营销方式，无疑会帮助艾德莱斯产业打破空间壁垒，创造新的消费需求和营销渠道。

前人研究中多把营销方式的创新模式分为价值主张、价值创造和价值获取三类[10-14]。价值主张反映企业为解决目标顾客的需求而提供产品或服务，体现在针对目标顾客的需求展开的产品设计、销售模式创新[15]；价值创造是企业建立、协调与商业伙伴的关系，把各方资源转化为顾客价值并传递给顾客的过程，表现在资源利用上的创新；价值获取是企业为获取盈利进行机构调整与创新的过程，主要表现在企业生产方式、组织方式和合作模式创新[10]。基于以上分类，结合和田地区艾德莱斯产业发展现状，可将当下多种新型营销方式在和田地区的在地实践进行如下分类，如表1所示。

表1 新型营销方式在地实践分析

创新模式	营销方式	创新路径	必备条件
价值主张	个性化定制	搭建消费者需求对接平台；完成定制产品的加工生产与销售	纹样创新设计能力、新型纹样染织能力、消费者对接平台建设与维护能力、订单生产交付能力
价值主张	直播电商营销	直播间专业产品展示与消费者互动 专业主播带货	网络直播营销能力、订单快速反应能力
价值创造	新媒体营销	产品信息发布与推广 私域流量构建 线上线下营销活动整合	掌握平台运行规则、网络传播内容策划与生成能力、网络热点制造能力
价值创造	跨界营销	时尚达人、知名设计师、知名时尚品牌、IP等进行跨界合作	市场调研与分析能力、组织策划能力、营销推广能力
价值获取	跨境电商	B2B、B2C对外电子贸易	了解国际贸易规则、国际商务沟通能力、跨境电子商务平台操作能力、企业订单生产与满足能力

（一）基于价值主张的营销方式创新

1. 个性化定制

个性化定制是一种将消费者个性化需求融入产品设计与生产的经营模式。在个性化定制模式下，企业一方面可以先向消费者提供丰富的选择方案，消费者再根据方案挑选符合自身个性化需求的选项，最后企业根据个性化订单信息生产产品；另一方面，企业也可以将产品设计完全交由消费者完成，企业主要负责对消费者所设计产品的生产实现。无论哪种模式，个性化定制都加强了生产端与消费端的联系，提升了产品样式的丰富度的同时，让消费者有了更多参与感，满足了他们的个性化需求与精神层次需求。相比传统批量生产的标准化产品，定制化产品更容易获得较高的产品附加值[16]。

现阶段和田地区的艾德莱斯产业仍以传统织机手工操作为主，反而为产品的个性化定制提供了便利。染织工可以根据消费者选定或设计的图案纹样，完成定制产品的加工生产。在这一过程中，需要生产方对艾德莱斯的传统纹样进行整理，并提供可供选择的创新纹样样式，以备消费者进行二次组合或设计。同时，生产方还需搭建与消费者直接对话的平台，如借助公众号小程序或自建网站、App等，以方便生产端与消费端的产品样式确认、订单下达与追踪等。在这一模式下，定制化产品的生产周期可以适当增加，产品单价有所增加，弥补了手工生产和长途物流带来的耗时较久、成本较高的缺陷。但是，个性化定制模式要求生产方具备艾德莱斯纹样创新设计能力、新型纹样的染织能力、消费者对接平台建设与维护能力、订单生产交付能力等。

2. 直播电商营销

直播电商营销是一种销售方以直播为渠道向消费者推广商品或服务，以达到售卖变现的营销模式。通过淘宝等线上电商直播以及抖音等短视频平台进行营销带货，弱化了店铺的存在，而以主播和观看者线上互动的形式，完成产品介绍与卖点推介，以及促销信息传播和订单下达。区别于传统卖场，直播电商搭建人、货、场一体化购物场景，提供的内容更加丰富，突破了传统销售方式下信息不对等的难点。通过直播场景的搭建，加之主播对产品的全方位专业介绍和实景展示，加深了消费者对产品的实际印象。同时，利用平台的评论和弹幕实时提问功能，消费者关心的问题可以得到快速解答，提升了消费者对产品信息获取的速度和深度，更有利于产品的传播推广和销售的快速达成[17]。

和田地区艾德莱斯产业多以手工作坊为主，具有接近生产端、掌握生产技术与产品特性等优势，但产品的生产与销售受到地域与时间限制，与身处供应链末端的消费者距离太远，很难拓宽销售渠道。依托直播平台，可以有效补足传统营销模式下近生产端而远销售端的劣势，同时相比普通电商，直播电商的消费者互动性更强、信息获取更为直接。通过直播间对产品的专业展示，丰富了产品的表现形式。另外，如能借助专业主播本身的个人知名度和吸引力，将会进一步增强产品的传播效果，获得更高的关注度。在这一模式下，要求经营者具备网络直播营销能力和订单快速反应能力，包括直播间搭建、直播产品选择、主播专业话术培训、供应链整合、订单交付与售后服务等多方面的内容。

（二）基于价值创造的营销方式创新

1. 新媒体营销

新媒体营销是企业通过社交与新型用户生成内容（UGC）传播媒体平台，开展宣传产品、提供品牌服务、传播企业文化的一种营销活动。目前常见的主流新媒体平台主要由社交媒体平台、视频平台、内容分享平台等构成。社交媒体平台包含微信、微博等，多通过朋友圈、公众号、博文来进行营销活动；主流视频平台包含爱奇艺、腾讯视频、哔哩哔哩（B站）等视频平台，以及抖音、快手等短视频平台，多通过广告植入、内容生成等形式进行营销活动；内容分享平台包含小红书、美丽说等，多通过产品体验分享等形式进行营销推广。相比传统媒体营销，新媒体营销得益于双向的信息流通渠道、畅通的网络平台，可以更新、更广、更快地向用户提供品牌与产品信息。同时，基于新媒体的网络传播往往呈现社区化、碎片化的态势，更能抓住消费者的闲暇时间，更精准地进行内容输出。另外，利用新媒体平台，企业对于营销推广的掌控更为直接，避免了传统推广过程中的服务和渠道商限制，减少了信息传递层级[18]。

借助社交媒体平台，艾德莱斯经营者可以发布产品相关信息来吸引粉丝关注，或利用知名大V或意见领袖等的转发来营造网络热度，或采用微信公众号、小程序等进行产品推广。通过粉丝对账号或公众号的关注，方便企业定向推送营销信息，并逐步形成私域流量。利用视频平台或内容分享平台，艾德莱斯经营者可以发布与艾德莱斯产品形象、文化背景等相关的视频，从专业知识普及或娱乐性的角度，进行产品信息的传播推广。同时，新媒体传播还可与线下营销活动相结合，起到引流增益的作用。在这一模式下，要求艾德莱斯经营者在熟练掌握不同平台运行规则的同时，拥有较强的网络传播内容策划与生成能力，可以有针对性地投放输出内容，如专业的文案、图片、视频，以及网络热点制造能力等。

2. 跨界营销

跨界营销是两个或者多个跨行业的企业品牌，为了进一步提升自身的品牌价值而选择强强联合的跨界营销模式。在跨界营销中，企业提炼自身的核心要素，并与其他企业要素整合，从而形成对双方企业都有利的全新品牌形象，更充分地表达双方企业的产品或业务诉求。通过将其他品牌或产品的价值、体验等融入自身的产品中，让消费者有全新的体验，并由此突破行业格局，营造新的消费需求，开辟新市场[19]。常见的跨界营销包含品牌与人、品牌与IP、品牌与品牌等形式。

艾德莱斯产品所独有的民族文化属性是其强大的品牌内核。充分利用这一品牌要素并尝试开展跨界营销，将会为其注入新的活力。例如，可以与时尚达人、知名设计师、知名时尚品牌等进行跨界合作，相互借势品牌元素，做到资源互换、消费场景融合，以提升产品曝光度和知名度，同时借用双方的渠道资源覆盖更多目标人群，相互导流，实现销量的突破；可以用知名IP跨界合作，丰富艾德莱斯产品的表现形式与表现载体，通过创意产品引爆市场话题，以带来话题度与关注流量。在这一模式下，要求艾德莱斯经营者具有较高的市场分析能力、组织策划能力、营销推广能力，可以对跨界合作对象进行调研分析，制订具体跨界营销方案，并懂得借助互联网的传播力量，打造热点话题，进一步放大跨界合作的效果。

（三）基于价值获取的营销方式创新

跨境电商是属于不同关境的贸易主体，利用互联网平台作为交易渠道，完成磋商、交易、结算等流程，最终通过异地仓储及跨境物流方式将商品或服务送达消费者的新型国际商业模式。目前我国常见的跨境电商形式包含B2C和B2B两种模式。B2C模式主要面向个人消费者销售产品和服务，其以电子数据信息为媒介，通过网络信息的流通实现企业与消费者之间的各种商务交易活动。我国的B2C跨境电商企业主要针对海外客户，通过航空小包、邮政运输和快递等物流方式，向其销售个人消费品。B2B模式的跨境电商交易双方都是企业，该模式利用互联网技术和网络商务平台完成商务交易过程，可以理解为国际版的电商业务[20]。

南疆四地州（喀什地区、和田地区、阿克苏地区和克孜勒苏柯尔克孜自治州）是我国西部地区向中亚、南亚和欧洲各国出口纺织品的重要口岸。由于历史原因，中亚和南亚国家的轻工业发展相对薄弱，和田地区的特色纺织服装产品在以上地区有着巨大的市场潜力。和田地区可以考虑积极发展跨境电商活动，借助跨境电子商务平台，使艾德莱斯等纺织服装产品能够走向国际环境。在这一模式下，要求艾德莱斯经营者了解国际贸易规则并具有国际商务沟通能力、跨境电子商务平台操作能力、企业订单生产与满足能力等。

三、创新营销方式的关键节点

通过对新型营销方式在和田地区的在地实践分析，提炼各营销方式可以成功实施的关键要素，并结合当地产业发展现状，归纳形成产业发展中的以下关键节点。

（一）把握自身特点与市场需要

和田地区艾德莱斯产业受地域影响较为明显，产业发展基础较为薄弱，生产力发展水平较低，重要基础性生产资料比较原始，导致产业发展较为缓慢。因此，盲目采纳新型营销方式恐难以奏效，需要按照产业实际情况，先有计划地更新补全产业发展短板。在此过程中，再按照不同地区、企业的发展基础，有选择性地挑选相适应的新型营销方式。同时，和田地区地处我国西部，地理空间的限制导致了其输出产品的特性必须有所考量。例如，较远的运输距离和较大的物流成本，导致了和田当地生产的纺织服装产品与东部产业发达地区相比，其成本优势并不明显。因此，销往东部地区的产品如以性价比为卖点恐难以适应市场，而重点发掘产品背后的文化价值属性，或满足消费者个性化需求，或联名跨界等以提升产品附加值，争取较大的市场议价空间更为妥当。而销往海外（如中亚国家）的产品，则可在满足当地市场需求的情况下，更多以批量化生产来压低制造成本。最后，艾德莱斯产品具有较强的少数民族风格，其产品面向人群相对较为稳定，针对消费者的定向化新媒体营销可以起到更为显著的效果，也应受到重视。

（二）艾德莱斯产品的品牌化与标准化

建立完整、系统的品牌体系是和田地区艾德莱斯产品扩大市场占有率的关键。品牌所代表的过硬的产品质量、良好的产品形象、完善的售后服务、丰富的文化价值等是消费者对品牌消费的追求，也是人们对美好生活向往的必然要求。当前和田地区艾德莱斯产品的品牌识别系统尚未统一，难以利用统一的品牌视觉形象加深消费者对产品的视觉感受，也不利于品牌的推广传播。同时，品牌定位不清晰，对于品牌核心价值的提炼较弱，导致在新媒体营销、跨界营销中很难找到恰当的营销主题与营销内容。另外，最为重要的是对于艾德莱斯产品的标准化质量体系构建尚不完善，产品的加工工艺、检测标准等还存在缺失。企业的执行标准不统一，导致市面上的产品质量良莠不齐，这也有损于艾德莱斯这一地标性品牌的构建。

（三）完善供应链体系

与营销方式相适应的完善供应链体系是成功开展营销活动的基础。当下和田地区传统的"企业+个体作坊"的订单完成模式，成为制约新型营销方式落地的重要原因。生产的不集中导致物料转移成本、工艺升级成本、质量控制成本等较高，由于订单完成的反应效率较低，仅适合小批量生产，而面对需要多款式、大批量的生产要求时，往往力不从心。同时，物流配套的落后也影响了订单的完成效率。和田地区乡与村、乡与镇之间的距离较远，物流运输距离较长且可覆盖人口较少，导致物流运输成本也相对较高，过于分散的生产模式进一步放大了物流运输的缺陷。在这种情况下，相对集中的园区式生产模式，以核心企业为引领，承接批量化、需快速反应的订单，辅以乡村地区联合式的个体作坊，完成基本样式或半成品产品的生产，同时搭配物流中转仓以提升物流效率，显然更为合适。另外，仍需注意产业生产的原材料供给。近年来，和田地区桑蚕养殖面积逐渐减少，丝绸制品的原材料多从东部地区采购，这无疑也加大了生产成本。

（四）专业人才保证

新型营销方式的落地执行需要专业化的人才保证。基于供应链的不同环节，需要从业人员具备市场分析能力、品牌企划能力、产品创新设计能力、新型工艺研发能力、组织生产与完成能力、供应链管理能力、网络营销与策划能力和新媒体工具应用能力等。另外，如涉及跨境贸易，还需要具备国际商贸能力等。而和田地区长期以传统手工艺生产模式为主，对于以上能力的需求并不强烈，大部分从业者已经习惯了当前的工作状态，主动求变的意识并不强烈。同时，相比于我国东部地区丰富的教育资源和发达的产业环境，和田地区的职业培训资源较为匮乏，从业者的学习实践机会较少，人才缺失导致难以驱动新型营销方式的产业应用。

四、和田地区艾德莱斯产业创新发展的对策建议

基于上述对和田地区艾德莱斯产业的SWOT分析，以及对新型营销方式在和田地区实践路径与关键节点的研讨，本文对和田地区艾德莱斯产业创新营销路径提出如下建议，如图2所示。

（一）增强平台化建设

面对和田地区资源约束的影响，为充分利用有限资源，政府需要积极引导，针对产业发展的共性难题，增强各类平台建设。例如，为解决分散经营的问题，可以组织建设艾德莱斯产业园。目前和田地区已经开始在和田市北

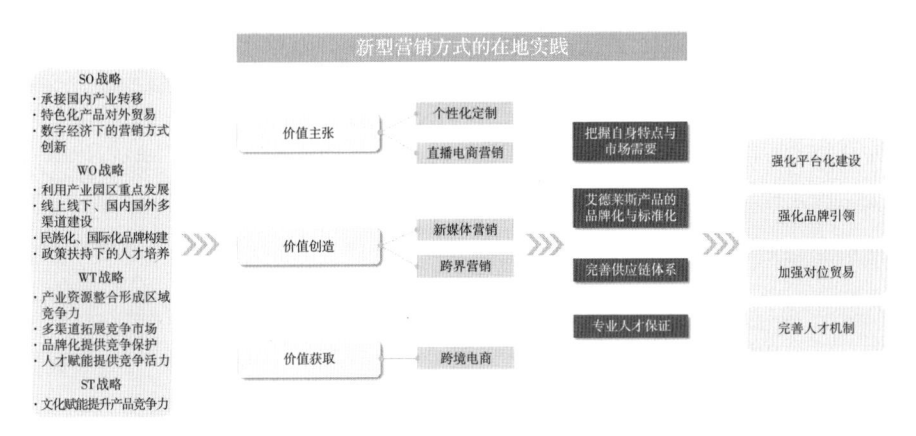

图 2　和田地区艾德莱斯产业创新营销方式路径分析

京工业园内建设艾德莱斯集聚产业园，提升产业的规模化效应和集群效应，并积极鼓励当地产业中规模较大的龙头企业参与供应链资源整合，形成示范效应；为解决物流难题，可以组织建设物流工业园，充分利用和田地区现有交通运输条件，与当地其他产业（如农产品、副食加工、玉石等）相结合，在交通枢纽集中建设物流中转与仓储地，提升物流效率；为解决市场信息不对称的问题，可以利用新媒体平台在线上构建和田地区对外展示窗口，宣传推广当地特色产业，同时积极组织策划或参与各类线下商贸平台，如农展会、博览会、旅游文化节、时装周等，提供产品展示平台并建立供需沟通桥梁；针对网络直播营销的未来趋势，可以建设电商工业园，引入专业化团队进行直播间建设与主播培训，实现资源共享并以点带面。通过这种"政府搭台、企业唱戏"的形式，高效合理利用各类资源，并解决单一企业难以攻克的共性难题。

（二）强化品牌引领

为竖立品牌效应，和田地区需积极打造区域品牌、企业品牌和产品品牌。首先，强化政府主导作用，规划并建设好"和田是个好地方"这一区域品牌，从文旅、招商引资等不同角度，做好品牌宣传。充分利用新兴媒体平台与自媒体平台，与官方媒体积极互动，以群众喜闻乐见的形式与内容，宣传和田，提升和田的知名度与美誉度。其次，鼓励当地企业进行企业品牌建设，做好品牌企划与定位，构建完备的品牌标识体系，充分利用互联网传播平台，提升企业辨识度。培养企业领导人的品牌化思维，以品牌定位市场，以品牌化理念进行产品生产与营销。最后，打造一批具有市场知名度的产品品牌。充分开展市场需求分析，找准目标消费群，明确产品定位。同时加快艾德莱斯产品的标准化建设，创新产品形象，并积极挖掘产品背后的文化属性，注重品牌文化宣传。另外，还要借助微博、微信、抖音、快手等各类媒介资源，让品牌与消费者互动，提升产品的消费者认可度。

（三）加强对外贸易

和田地区特殊的区位优势为开展跨境电商等跨境贸易提供了便利。积极拓展中亚、南亚、中东甚至欧洲的市场，可以有效扩大和田地区特色纺织服装产品的市场需求。当地纺织服装产业要加强国际市场调研，了解国际市场对纺织服装产品的具体需求，熟悉对外贸易中的产品质量与包装等方面的标准与规定，打造满足海外市场需求的优质产品。同时，借助跨境电子商务平台，主动寻求海外订单。依托喀什等口岸城市，充分利用新疆维吾尔自治区内铁路与中欧班列，建设若干面向海外市场的贸易批发市场及货物集散地。规划中的中巴国际铁路、中吉乌国际铁路，也为和田地区进一步拓展对外贸易提供了新机遇。另外，和田地区还可以组织代表团积极参加海外市场的展览会、展销会等，打造和田纺织服装名片。

（四）完善人才机制

通过自我培养与外部人才资源引入，快速完善专业化人才建设。一方面，依托当地职业院校等教育机构，针对产业发展急需的文化创意、产品设计、品牌管理、商业运营、网络营销等内容，通过与援疆单位合作，引入优质师资与课程，以人员"引进来"和"走出去"相结合的形式，开展定期培训项目，带动当地产业从业者技能提升。另一方面，政府要联合当地龙头企业，制订人才引进计划，从产业发达地区引入专业化团队，快速解决产业发展中的人才问题，并在产业实践中，基于示范效应，以"传帮带"的形式提升当地从业者的专业化技能，最终实现人力资源的更新升级。

参考文献

[1] 艾克拜尔江·艾尔肯."一带一路"背景下中华优秀传统文化产业创新发展方式研究——以新疆和田维吾尔族"艾德莱斯"丝绸为例[J].商讯，2021（3）：125-126.

[2] 赵刚.浅谈艾德莱斯绸发展现状、问题及对策[J].农村经济与科技，2020，31（12）：161-162.

[3] 白莉，唐努尔·库尔西，王翔."一带一路"背景下新疆艾德莱斯产业创新发展策略研究[J].文化产业研究，2018（1）：86-97.

[4] 华燕，刘文.新疆艾德莱斯绸的当代设计与美学价值研究[J].纺织报告，2023，42（6）：34-36.

[5] 迪拉娜·扎克尔.艾德莱斯的结构生成及美学价值[J].新疆师范大学学报（哲学社会科学版），2023，44（3）：137-140.

[6] 齐妙青，潘志刚.浅析推动新疆艾德莱斯绸产业健康发展的思考[J].轻纺工业与技术，2020，49（8）：99-100.

[7] 赵罡，李楠，张毅.艾德莱斯绸纹饰图案及其在现代女装中的应用[J].丝绸，2021，58（4）：120-126.

[8] 张宇，张艳.数字经济背景下快时尚零售商业模式发展文献综述[J].商业经济研究，2020（21）：92-94.

[9] 肖海兵，杨明禄，杨艳合，等.新疆蚕桑业的发展历史、现状分析及对策思考[J].丝绸，2019，56（7）：9-14.

[10] 孙宁华，戴嘉.发达地区商业模式创新的条件、方式与引领作用——以长三角地区为例[J].河北学刊，2021，41（3）：128-136.

[11] 刘丰，邢小强.商业模式衍生式创新：动因、方式与类型识别[J].科学学研究，2023，41（3）：547-555.

[12] Bernd W, Adriano P, Sebastian U, et al. Business models: Origin,

development and future research perspectives[J]. Long Range Planning, 2016, 49（1）: 36-54.

[13] 苗振龙, 童夏雨.数字经济价值链的内涵、机制与推进策略[J].商业经济研究, 2023（20）: 105-109.

[14] 朱明洋, 李晨曦, 曾国军.商业模式价值逻辑的要素、框架及演化研究: 回顾与展望[J].科技进步与对策, 2021, 38（1）: 149-160.

[15] 魏江, 刘洋, 应瑛.商业模式内涵与研究框架建构[J].科研管理, 2012, 33（5）: 107-114.

[16] 李成彬, 邓楠, 卜奕文, 等.扶贫背景下偏远地区特色农产品在线商业模式研究[J].上海商学院学报, 2020, 21（4）: 81-90.

[17] 梁刚.新零售环境下民族特色产品全渠道商业模式构建[J].商业经济研究, 2022（4）: 34-36.

[18] 王丹丹, 骆世侠, 代磊.新媒体营销视域下新疆农产品运营机制研究[J].时代经贸, 2022, 19（10）: 108-110.

[19] 王红柳.农产品电商跨界生态系统的内涵、构想与政策建议[J].商业经济研究, 2016（20）: 156-157.

[20] 邢光远, 史金召, 路程."一带一路"倡议下中国跨境电商的政策演进与发展态势[J].西安交通大学学报（社会科学版）, 2020, 40（5）: 11-19.

中国式现代化视野下和田地毯的传承创新与产业发展

吴小军、寻梁、郭翌成、顾卓

随着全国各族人民生活水平的提高及文旅产业的发展，新疆民族手工业的部分产品逐渐由民族生产、生活用品向民众重要生活设施和旅游工艺品转变，为民族地区经济发展带来了新的机遇。其中，和田地毯作为和田地区传统纺织产品和优势传统工艺，以中国式现代化理论促进其传承与创新，不断提升产业发展水平，是和田现代化实践的重要内容。

一、历史和现状

（一）历史传承悠久

和田地区地毯生产历史悠久，是新疆地毯的典型代表，早在2000多年前就有盛行地毯的记载。1959年，和田地区民丰县的古精绝国故址的墓葬中，出土了东汉时期的地毯残片，同时出土的一批佉卢文木简上已有"地毯"和"和田地毯"等字样。这是我国迄今发现的历史年代最早的地毯实物。和田也是世界公认的编织地毯的起源地之一。至清代，和田地毯仍是和田地方上贡朝廷的贡品，如今故宫博物院仍有收藏并陈列和田地毯。现今，通常将和田、喀什、库车以及乌鲁木齐等地生产的地毯通称为和田地毯，其发源地同时也是重要产地，是和田地区的和田县及洛浦县。❶

南疆地区南依昆仑山，北接塔里木，地势南高北低，由东向西倾斜。由南部山区至北部沙漠，沿河流形成若干条带状绿洲，大河下游为成片相连的扇状胡杨林带。和田地区气候特点是干旱、炎热、多风沙、雨量少、蒸发量大，无霜期200~220天。天然草地面积3940.75万亩，可利用草地面积3713.43万亩，可根据地貌单元和经营区域划分为平原草地区、昆仑山北坡山地区和内部平原3个区域，分布最广的是1440~3500米的中低山荒漠草原。❷这些草场总体干旱缺水，牧草生长稀疏，牧草产量和质量较低，为冬春牧场。这个独特地带生长的和田羊，虽然具有体格较小、产毛量不高、出肉

---

❶ 王智龋:《探析和田地毯的起源及其发展》(《现代装饰（理论）》，2016年第10期，23页)。
❷ 资料来源：中国政府网/和田地区行政公署/和田概况/自然资源。

不多、繁殖率低的缺点，但正因其独特的耐干旱、耐炎热和耐低营养水平的品种特点，成为和田地区适应自然生态和生存环境的优秀品种。和田羊产量不高，却是和田手工地毯原料来源的不二选择。

1949年以前，和田地毯等新疆少数民族手工产品主要以家庭手工业形式进行生产。新中国成立后，20世纪50～70年代，民族手工业经过社会主义改造，实现了手工业的合作化，当地建立了包括和田地毯在内的民族特需用品生产企业。自1978年以后，经济体制改革成为新疆民族手工业集体企业发展的主线，同时个体经营的少数民族手工业逐渐兴起，手工业发生了现代化转变，和田地毯的生产组织也开始向规模化方向发展，形成了一些制造基地，产品也开始向民众生活设施、民族手工艺品、旅游纪念品等转变。

（二）手工艺织造技艺

和田地毯的主要原料是和田羊毛，仅有部分丝毯使用了棉花等粗纤维，采用手工编织技艺，具有图案生动古雅、色彩鲜艳和谐、工艺独特、质地优良、功能实用等特点。从原料及工艺来看，可以分为栽绒毛毯、丝毯、金银线编织加栽绒丝毯；从用途可以分为壁毯、炕毯、拜毯、地毯以及椅凳垫和鞍垫等。

和田地毯采用的编织法是源于新疆维吾尔族的传统编织技艺。和田手工地毯的成形，从原料收购、分拣、清洗、烘干、纺纱到编织及后整理，每一道工序都十分考究。先梳理羊毛，抽取适量的羊毛纤维作为原料进行并股，以增加纤维的强度和韧性；并股后的羊毛线卷成线轴，再采用植物染料对羊毛线进行必要的染色，形成丰富的色彩；染色后的羊毛线按照工匠根据客户需求和传统图案设计出的图案要求进行捆扎；捆扎后的羊毛线按图案要求进行分线，形成经线和纬线；通过手工操作织机，将羊毛线交织编织；将编织完的和田地毯进行整理、修剪后，最终达到成品要求。随着技术的进步和经济的发展，新疆地毯的制作工艺流程发生了一定变化，地毯企业的一些生产环节实现了机械化，一些工艺流程开始工业化的生产。但和田地毯最主要的制作工艺程序，仍然依靠工匠们的双手完成，保持了传统手工的特点。

（三）图案纹样独特

和田地毯以精细的工艺和独特的图案、丰富的色彩而闻名，种类繁多。从图案分类来看有石榴花式、波斯式、波浪式、洋花式、五枝花式、散点排列式和博古式等；从纹样的主要色彩来看有葱绿、蛋青、深红、蓝、黑等。和田地毯的色彩、图案、纹样特色鲜明，惹人喜爱。其图案纹样的主要特点在于，它是各种规律图案的组合，由大小花边构成的多层边框纹样、角隅纹样和中心主体适合纹样构成。和田的栽绒地毯都有一段边框，层次分明。边框多少根据规格、图案而定，一般地毯边框可达三层，多者可达五层以上。所有边框并没有固定的程式，而是互相交叉使用。和田地毯的图案纹样设计多样而丰富，每一块和田地毯都是师傅们倾注心血的杰作，每一个图案纹样都蕴含着独特的文化内涵和审美价值，反映了当地人民对生活的热爱和追求。

传统和田地毯的染料，是以植物的皮、壳、花、叶制成的植物颜料和一些矿物颜料，不易褪色，与千姿百态的图案共同构筑独特的民族风情。图案题材大致分为三种：一是反映游牧生活的图案；二是反映自然美的图案；三是反映宗教色彩的图案。常见的和田地毯图案设计元素主要为花卉、动物、几何图案等。例如，采用兰花、牡丹、玫瑰等花卉图案作为设计元素通常呈现出细腻而真实的描绘，给人一种美丽宜人的感觉；羊、骆驼、雀鸟等动物图案，方格、菱形、三角形等几何图案，也都被巧妙地编织在地毯中，映射着当地人民的生产与生活。此外，还有极富地域特性的古代器物、古文字、传统装饰等民族文化元素，承载着和田悠久的历史和深厚的文化底蕴。

（四）深厚独特的历史文化

世界各地地毯的图案纹样构成和色彩选用配置，是由不同民族和地区人们的不同喜爱逐步形成的，往往是一个民族、一个地区文化艺术特征的具体体现。新疆作为历史上的丝绸之路是东西文化交流互鉴的核心区域，为古代东西方经贸和文化联系的纽带，既受中原文化的影响，又受中东、中亚和西方文化的影响。世界各地文化不断交融的结果在和田地毯图案形式中有充分的体现，使得和田地毯还具有极高的研究和收藏价值。和田地毯样式、图案、文化艺术，不仅体现了和田地区的民族生产生活历史和文化艺术特色，其生产创造过程中也融合了更丰富的文化内涵，贯穿历史、宗教、政治、民俗、地域、社会、经济、生活等诸多方面，代表了历代新疆和田地区少数民族人民辛勤劳作和集体创造的智慧结晶。从和田地毯工艺美学角度研究维吾尔族的民族和民间文化，深层次剖析中华民族多元一体和新疆多元文化现象、民族审美心理等，为振兴维吾尔民族文化、弘扬中华优秀传统文化添上了浓墨重彩的一笔。

（五）潜力巨大的特色产品

和田地毯蕴含的浓厚文化内涵，使其具有广泛的群众基础和市场需求。新中国成立以来，和田地毯不仅满足了各族人民的生产、生活需要，也是少数民族群众增加收入、提高生活水平的重要途径。和田地毯尤其是作为民族特需用品生产，为促进少数民族经济文化发展，发挥了重要的作用。在各级政府的支持下，家庭织毯业在和田地区发展迅速，已成为当地农民重要副业收入来源之一。随着新时代丝绸之路经济带建设的不断深入，和田地毯产业的原料、生产、销售产业链不断完善。作为新疆地毯的代表作，其产品远销沙特阿拉伯、土耳其等20个国家和地区。根据国家统计局数据，我国地毯供应的总产值从2014年的358亿元增至2019年的474亿元，其中手工地毯大约占40%。

目前，我国地毯仍以出口为主，多以低附加值的机织地毯为主，在国际手工高端地毯市场份额上的占比仍较少。国内地毯市场当前比例还很小，家用地毯只占20%左右，但我国进口地毯基本以高端手工地毯为主。一方面表明和田高端手工地毯的市场前景广阔，另一方面也给和田地毯产品的国内市场宣传和开拓提出了新要求。新疆具有与周边国家进出口贸易便利的条件，随着国家丝绸之路经济带和中国（新疆）自由贸易试验区的形成，这一优势必将进一步凸显。周边巴基斯坦、哈萨克斯坦、吉尔吉斯斯坦、塔吉克斯坦、阿富汗等国均有地毯消费的传统习惯。目前每年出口到上述国家的和田地毯数额占新疆地毯总销售额的10%~15%，其未来的市场需求量还将不断增长。和田地毯产业除了能生产各种常用规格的手工和机织地毯外，还制作450道、540道各种人物、花鸟、建筑等高端风景艺术挂毯，有实力角逐世界市场，和田地毯高端产品的发展潜力也很大。

二、发展的问题和困难

当前，中国地毯尤其是手工地毯行业面对"百年未有之大变局"的复杂外部形势和市场环境，产业发展面临不少的问题和挑战。在20世纪70~90年代全国地毯出口数量，新疆排名通常为前五位。但2009年，新疆的排名下滑至第16位。❶2017年，和田手工地毯产值仅1.6亿元。❷面对激烈的国内外竞争和产品本身的价值、质量等问题，当前和田手工地毯面临着相对窘迫的市场困境。

和田地毯产业发展的困难，是自然地理因素的制约和市场竞争客观规律双向影响的结果，更是发展定位和产业政策双向影响的结果。

（一）发展定位和产业政策中的问题

主要体现为，一是国有资本参与和主导的和田地毯生产，在市场引导、生产组织、设计创新、技术创新各方面发挥主体作用不足。二是有组织、科学有序地开展技术、人才培训不足，从而使创新设计、市场营销、传播推广等人才欠缺成为和田地毯产业发展的瓶颈。尤其是组织和田手工地毯从业人员适应新时代新要求，有序开展技术创新、工艺传承，促进产品质量的提

---

❶ 郭欣芸：《羊毛纤维品质对地毯性能的影响》，新疆大学硕士学位论文，2017年，7-8页。
❷ 《和田地毯：在市场化中焕发生机》（《新疆日报》，2018年12月05日）。

高，促进地毯产业高质量发展，保障和田群众就业增收等方面还不够。三是目前和田地毯的生产主体，仍是个体手工业者和民间资本主导下的发展形态，因此一方面难以将地毯产业发展与促进群众增收致富有序结合起来，另一方面难以提高产品质量和市场竞争力。四是因为政府组织和引导的不足，导致对于和田地毯的宣传推广和用户培植不够，从而导致国内外市场对和田手工地毯的价值和意义认识不到位，疆外用户培植不足，制约和田地毯产业做精、做强。

（二）和田地毯产品本身的问题

一是产品单价较高。和田地毯一般每平方米价格在1300~2000元，其主要原材料的价格相对较高——尤其羊毛的价格受到国际市场供求关系、季节因素等影响波动较大，往往导致产品成本上升。和田地毯的传统制作工艺需要经过设计、纺线、染色、编织、整理等多个环节，需要工匠们付出大量的时间和精力。随着人工成本的逐年上升，也抬高了地毯产品的单价。此外，和田地毯作为我国著名的地理标志产品，具有一定的知名度和口碑，其品牌效应拉动了消费者的购买意愿，从而提高了产品的市场价值。随着国内外机织地毯等不同形式的地毯日益增加，地毯品种越来越多样化，和田手工地毯相对价格更加昂贵。

二是交通成本相对更高。和田地区地处沙漠南端，远离大城市和商业枢纽，物流运输成本增加，与我国内地等市场的贸易来往和技术交流也具有较大的空间局限性，和田地理区位特点和渠道限制，增加了产品成本。

三是品质参差不齐。和田地毯大部分从业人员缺乏系统专业学习和技术培训，织毯技术水平参差不齐，导致部分成本高昂的和田手工地毯品质还有欠缺，如一些织毯户由于织毯水平低，产品不达标。和田织毯农户目前大部分靠脑记手织，大多自产自用有余，质量保证不足。对于如何解决和田地毯面临从业人员综合素质和织毯技术水平较低、地毯设计图案陈旧、产品研发能力弱等问题，还没有全面完善的措施。

四是产品同质化严重。随着作坊式手工织毯户和小型手工地毯企业的创新、规范与发展，地毯行业专业人才的缺口问题也日益凸显出来。和田地区图案设计、产品研发、后整理工艺等技术力量薄弱，人才匮乏，不能及时跟上市场消费的多样化需求。地毯设计师缺乏创新理念，计算机辅助设计先进技术尚未推广，地毯设计风格基本相似，不同品牌的地毯产品在外观上很难区分。市场上的地毯产品在制作工艺上差异不大，各类地毯的产品品质、使用价值等方面也趋于雷同。由于缺乏有针对性的专业地毯设计人员，和田地毯很难满足疆外客户的需求，导致在国内其他地区销量较低。

五是部分假冒产品影响声誉。和田手工地毯涉及的产业链虽然不长，但范围较广，可以延伸到农业、畜牧业、手工业、轻工业等。但由于尚未建立统一的品质标准和监控体系来确保市场产品的品牌和品质，出现一些假冒伪劣和田地毯流通的现象，严重阻碍和田手工地毯产业发展。冒牌产品性能虽然远远低于真正的和田手工地毯，但定价却与真正的和田手工地毯相差无几，破坏了和田地毯的声誉。

三、着力提升产品力优势的发展策略

2022年1月，新疆维吾尔自治区党委书记在和田地区调研参观纳克西湾手工地毯厂时指出，要完整准确全面贯彻新时代党的治疆方略，牢牢扭住社会稳定和长治久安总目标，铸牢中华民族共同体意识，发展特色优势产业、推动乡村振兴、保护传承优秀传统文化，推进区域特色产业的高质量发展。和田地毯产业新时代的发展，应以提升产品力优势为中心，大力完善产业定位和全产业链布局，加强国内外地毯市场拓展。

（一）完善产业定位

一是历史文化定位。我国毛织物技艺的历史悠久。罗布淖尔地区孔雀河下游古墓沟出土的距今约3800年的"世界上最早的毛毯标本"，鄯善洋海古墓群出土的数件"世界上最早的栽绒地毯残片",有力地宣告了早在公元前8世纪新疆就有了栽绒地毯,证明了和田地区毫无疑问是世界地毯的发源地和故乡。和田地毯产业的现代化发展拥有优秀传统工艺和深厚文化自信的历史底蕴和肥沃土壤,必须重视和强化这一历史文化定位对和田地毯文化品牌建设、产品定位的重要现实意义。

二是产业发展定位。2006年,和田地区被中国纺织工业协会授予"中国手工羊毛地毯名城"称号。《新疆纺织工业第十一个五年规划》中明确了"丝绸行业和手工羊毛地毯以和田地区为主"的布局定位。和田地区出台的相关文件中明确提出,要把和田地毯产业作为地区"十二五"时期重要的支柱性产业来积极培育和发展壮大。2023年10月公布的《和田市国民经济和社会发展第十四个五年规划和2035年远景目标纲要》提出,要重点发展食品制造和农副产品加工、纺织服装、特色餐饮、商贸物流、文化旅游等特色产业。在和田地区区域定位和现代产业体系布局中,和田地毯产业属于纺织服装产业的一部分,同时跟文化旅游、商贸物流产业都有紧密的关联,民族特色手工业的优势明显。

三是世界格局定位。世界地毯按其产地的不同,大致可以分为"东方地毯""欧洲地毯""非洲地毯"三大类。其中"东方地毯"包括七大类:中国地毯、波斯地毯(伊朗地毯)、土耳其地毯、中亚地毯、印度地毯、高加索地毯、东欧地毯。中国地毯的分类根据产地的不同可以分为新疆毯、北京毯(也就是常说的燕北毯,晚清时候又称作东陵毯)、布依毯、独龙毯、东巴毯、宁夏毯、西藏毯、版纳毯等。❶地毯从用途上可以分为挂墙上的挂毯、做礼拜用的拜毯、放马鞍上的鞍毯、垫桌椅用的垫毯、铺地上用的地毯等。地毯从制作材料上分有羊毛地毯、真丝地毯、棉线地毯等。从制作工艺上分,手工地毯可以分为拉绞地毯和抽绞地毯。新疆传统地毯当属新疆和田地区的手工羊毛地毯历史悠久且最具特色。古代和田地处丝绸之路南道的枢纽,受

---

❶ 冯雅兰:《新疆地毯艺术研究》,新疆师范大学硕士学位论文,2014年,6页。

到东西方商贸经济、宗教文化、时代政治的交融和影响。和田地毯工艺在原创技术的基础上，吸收了东西方纺织技术精髓，在现代工艺美术界占有重要的一席之地。

（二）完善产业链布局

和田地毯长期以来在自然经济或自给半自给的小商品经济观念的背景下，生产规模狭小，生产工艺传统，实行以一家一户分散为主的生产组织形式。2001年，和田县成立了地毯产业办公室，加强对全县地毯业发展的组织、协调和引导。具体的方法主要有：一是抓市场，建成和田县吐沙拉乡地毯一条街，形成生产营销一体化经营；二是抓质量，为了提高地毯质量，积极引导织毯农户购买和田地区毛线厂专门生产的织毯毛线，使用机械加工标准毛线；三是走大户带动型路子，促进和田地毯产业成为和田县的支柱产业。"十四五"时期，和田地区将积极推动纺织服装产业转型升级，主动对接全国知名纺织服装基地，承接产业转移。和田地毯可以抓住机遇，加快融入和推进相关配套生产及市场建设，不断提升配套能力；扶持发展一批和田地毯大品牌下的自主子品牌，培育一些产业链上的龙头企业和有影响力的个体户；选定和田地毯产业集中的地方为核心区域，深入挖掘和田地毯的优秀工艺、文化内涵和文化价值，加快促进传统工艺和现代时尚的融合发展，打造和田地毯的完善产业链和织造产业基地。

（三）完善产品力优势

和田地毯原料独特，品质优势明显。和田羊毛一是纤维弹性好，具有很高的抗拉强度和耐磨性，制成的地毯结实耐用；二是柔软细腻，触感光滑舒适，具有良好的保暖性能，使地毯在寒冷地区具有较好的保温效果；三是由于羊种多样，从白色到浅黄、浅褐等多种色彩的不同品种的羊毛都有，既部分降低了染色的成本和难度，又使得制作的地毯具有更丰富的色彩组合和独特的图案设计；四是具有良好的吸湿性和透气性，制作的地毯可以在潮湿的环境中保持干燥,并有助于调节室内湿度;五是具有出色的耐久性和抗污性,不易损坏和磨损;六是具备较强的抗静电能力,不易吸附灰尘和污垢。和田羊毛的优异特性,以及其工艺精湛和文化底蕴,使得和田地毯在质感、外观、功能和舒适性方面具备独特产品力优势。和田手工地毯因其用料讲究,做工细腻,扣法独特,纹样精致,色彩丰富,结实耐用等工艺优势,以及深厚的历史文化底蕴,享有美名。

1. 突出工艺优势

和田手工地毯原料为和田羊毛,理论上讲凡不是全部用和田羊毛编织的地毯,都不可以称为和田手工地毯。新疆地区盛产罗布泊羊毛(又称尉犁羊)、巴楚羊毛(又称多浪羊)、和田羊毛等。和田羊主要生长在新疆和田地区及邻边地区,是一种土种绵羊,该品种的羊适应能力极强,具有耐干旱炎热,抗病力强等优点,其体质结实,身形匀称,且具有非常好的遗传性。和田羊毛作为一种利用率非常高的异质毛,毛辫细又长,主要有绒毛、两型毛和粗毛,具有光泽好,长度长,弹性强,洁白度好,耐压、耐拉性好,毛绒坚挺且不容易发生倒伏,触摸手感舒适等优良特点。通过对和田羊毛、新疆普通绵羊毛的纤维截面光学显微与纵向SEM实验对比,以及对这两种羊毛纤维细度、断裂性能、强度等一系列指数进行对比发现,新疆和田羊毛的纤维强度优于普通绵羊毛,热性能也更加稳定,和田羊毛弹性更好,更加适合作为新疆手工地毯的原毛料。❶和田羊毛有韧度和光泽度,防潮、防腐、经久耐用,是编织地毯和毛毯的上好原料。使用和田羊毛编织的地毯,手感柔软,绒头坚挺,触感丰满,抗倒伏性好,色泽鲜艳,使用寿命长。

一般地毯生产过程是捡毛、开毛、梳毛、纺纱、加捻、染色、绘画、上经、编织、下机、平毯、洗毯等工序;织制毛毯的工艺流程有前道准备、织毯成型和美化完成三道工序。随着现代科学印染技术的发展,天然染料逐渐被化学染料所替代,现在又开始采用酸性媒染染料,经过配制可以染出数百

---

❶ 贾丽霞,肖远淑,王倩:《和田地毯羊毛特性及其对染色性能的影响》(《北京服装学院学报(自然科学版)》,2011年第4期,52-58页)。

种色彩，而且着色牢固经久不变，使地毯的生产技术呈现出全新的面貌。和田手工地毯曾以独特的风格和精湛的工艺造就了其驰名中外的声誉，在传承优秀织造技艺的过程中，也必须对技术和流程不断优化创新，以达到充分展现产品的性能优势、卓越品质和生产的更高效率、更低成本的目标。

2008年，和田地毯织造技术被列入国家级非物质文化遗产名录。为了更好地保护这一国家级非物质文化遗产，切实地为当地人民持续带来收益，整顿和规范好和田手工地毯的市场秩序，和田质量技监局曾进入市场，对地毯内加入工业废渣毛做法进行了检查和处理，制定了有关和田羊毛地毯的系列标准，加大和田地毯产品的出厂检验、挂牌销售、等级、品质的监管力度。

和田纤维检验所为和田地区主要毛绒纤维生产、加工经营企业的负责人和检验人员定期举办了毛绒检验员培训班，系统地对国家标准、和田地方标准、毛绒纤维质量监督等有关知识进行了理论和实际操作培训。和田地区政府启动农民素质培训工程，目的是通过5~10年的时间使每户都有一个懂技术的科技明白人，使和田地毯彻底告别杂毛时代。

2016年11月，原国家质检总局批准对"和田地毯"实施地理标志产品保护。在质量技术要求上，原料要求以保护范围内和田羊所产羊毛为编织原料；工艺流程必须是羊毛→毛纱生产→地毯织做→后整理→成品；关键工艺要求编织方法采用立机织做、森纳接扣手工编织法，梳毛、纺纱要求纱支捻度达到12捻/10厘米至15捻/10厘米，接头长度不长于2厘米，搓头长度不长于5厘米，捻条均匀；质量特色上要求感官特色为图案符合和田传统图案要求，层次清晰，边道图案繁复，毯面光洁，纹样清晰，不串色，毯背平整，经纬排列均匀，毯形横平竖直，撩边松紧粗细一致，毛头松散，手感柔软，平顺一致；理化指标上要求栽绒道数、经头密度允差≤5.0%，绒头长度允差±10%，毯形尺寸偏差≤2.0%，绒头纱纤维含量偏差≤4%，耐光色牢度≥3至4级，耐干摩擦染色牢度≥3至4级，耐湿摩擦染色牢度≥3级；产品安全及其他质量技术要求必须符合国家相关规定。和田地毯产地范围内的生产者，可向和田地区质量技术监督局提出使用"地理标志产品专用标志"的申请，经新疆维吾尔自治区质量技术监督局审核，报国家市场监督管理总局核准后予以公告。和田地毯的检测机构由新疆维吾尔自治区质量技术监督局在符合资质要求的检测机构中选定。和田地毯产业必须充分利用这一政策资源和发展机遇，彻底落实产品的工艺规范和质量标准，做好市场自律和广泛监督，使"和田地毯"地理标志成为高品质和田地毯产品力的重要保障。

随着未来世界市场和中国国内的激烈竞争与巨大需求，和田地毯必须从精选原材料开始，严格每一道制作工艺，确保和田地毯这一产品和品牌的核心竞争力。除了政府出台相关技术标准并检查监督进行支持，还应该充分发挥和田地区手工羊毛地毯行业协会的作用，同时继续做大做强和田地毯的国有企业，使之成为担纲和田地毯整体品牌形象和行业标准的龙头与示范，进一步加强和田地毯工艺和产品品质行业自律和产业监督。

2. 挖掘文化优势

和田地毯织造方法独具一格，图案纹样古朴典雅，显示出鲜明的民族特色和地域特征，具有独特的艺术魅力。它既是商品市场中一种物化的民族特色产品，又是新疆少数民族尤其是维吾尔族的一种传统文化象征，是传承文明和民族文化的重要途径和手段。必须采取有效的措施，加强对和田地毯工艺、产品历史文化的保护与传承工作。

一是建立和完善传统工艺传承人制度。以手艺人为主体打造和田地毯工艺和文化传承创新的基本格局。目前，能够熟练掌握和田地毯手工技艺的人屈指可数，技艺精湛的艺人大多是五六十岁以上，有些已相继离世，传承人寥寥无几。因此，政府部门应该积极采取措施，认真选拔、培养并建立一支和田手工地毯工艺和文化传承队伍。

二是充分利用旅游业发展地毯产业。新疆具有丰富的民族文化旅游资源，和田地毯工艺作为新疆民族文化的一种，能够让游客更好地了解当地民族的文化底蕴和历史发展。将和田地毯的地方文化优势转为地缘优势、经济优势，这种转轨是和田地毯工艺在新形势下的一种延伸，具有明显的地域和市场优势。

三是积极传播地毯文化。和田地毯工艺及其有关的历史文化素材,也可以成为装扮和田地区各个县城的文化符号和象征。各地传统民间工艺都可以为当地独特的城市形象和城市文化注入特色。例如,我国敦煌莫高窟所在的敦煌市的一些建设细节非常值得借鉴:敦煌市上至街道的路灯,下至下水道井盖,都能看到飞天图案造型;宾馆墙上壁画、楼梯扶手,也都有源自莫高窟的图案花纹。这样既可以依据文化特色,体现一个城市的历史底蕴,更是和田地毯的文化传播,可以依托不断发展的城市作为载体,广泛宣传和推广传统的民族工艺,服务城市视觉形象,打造城市特色,促进和田城市文化氛围与地毯产业共发展。

四、中国式现代化的实践:和田地毯产业的绿色发展之路

中国式现代化的根本属性、本质要求和主要特征,对于和田地毯的未来发展的实践意义就是要深入贯彻落实党中央决策部署,完整准确全面贯彻新发展理念,坚持以人民为中心的发展思想,坚持实事求是,用好和田地区资源禀赋,立足历史地理实际,围绕和田社会发展、全体人民共同富裕、实现人与自然和谐共生的发展目标,着力在促进和田地毯产业增加和田人民就业、推动传统工艺传承、创新发展优秀民族文化、突出产业特色产业优势等方面,大力推进全产业环节、全工艺流程的高质量发展。

(一)从讲政治高度加强对于和田手工地毯产业的政策引领

和田手工地毯是和田人民在绿洲环境下,民族地区群众充分利用物质生产资料和自然资源发展起来的特色物质生产方式之一。和田手工地毯产业的发展,与和田人民的生产生活密不可分。它既是重要的生活必需品,又是丰富就业、促进人与自然和谐发展、提高居民收入、传承民族传统工艺和文化的重要传统产业。要提高和田手工地毯的发展水平,因地制宜地加强党和政府对于地毯产业的政策支持、财政支持必不可少。制定有组织的产业政策主

导地毯产业的技术创新、产品标准、人才培养，对于其发展极为重要。各级政府的发展规划，不能仅停留在建设市场、聚集产业，应进一步发挥积极引导的职能，使产业的高质量发展、富民就业目标以及和田地毯的工艺传承和文化等目标，都能落到实处。

（二）围绕区域标志性产品加强和田地毯的品质建设

1. 保证原材料的可靠性

以和田羊的羊毛作为和田地毯的原材料，是确保和田地毯产品品质的最基本要求。必须充分发挥和田地区乃至整个南疆地区的地理气候特点，适当增加和田羊的养殖数量，不断改善和田羊的羊毛品质，同时确保收储羊毛的场所和程序科学合理，为编织出品质良好的和田地毯打下坚实基础。为保证原料的可靠和产量的稳定，要积极推进和田羊的种群技术进步。和田羊的品种继续提升应以本品种选育为主，加强和田羊的繁育体系和技术推广系统，科学调整羊群结构、种羊场和牧业生产的布局，完善现有品种标准和鉴定分级标准。同时，本着积极而慎重的原则，科学进行同质半粗毛其他品种的杂交试验。

2. 突出产品的设计创新

现代维吾尔族地毯工匠在传统和田地毯的基础上，将传统绘画与栽绒地毯织造技术融合，创造出许多富有现代化气息的地毯，这些地毯打破了地毯的传统样式，使得和田地毯更加包罗万象。例如，根据出土的"五星出东方利中国"汉代织锦护臂，在地毯上织造出"五星出东方利中国"图案的地毯；为庆祝2008年北京奥运会顺利召开，在地毯上织造绘有福娃图案的北京奥运会纪念地毯；临摹《清明上河图》等名画织造的地毯；织造写有毛泽东主席的《长征》诗词字体纹样的艺术地毯；织造有新疆自然风光、民俗风情、旅游景点等图案的地毯等。

但总体上来看，目前和田地毯工艺水准和伊朗相比仍存在一定差距，图案设计上尤其难以满足国内外巨大的多元消费市场需求，除了沿袭传统图案纹样，新的图案和纹样设计人才十分匮乏。和田手工地毯立足中高端，要满足普通群体和特定群体的广泛需求,首先一定要在品质上过硬。地毯企业、从业人员和当地相关政府部门要在研发、检测上多下功夫,全力以赴引进人才和培养人才。在工艺、技术、设计方面,政府和相关行业协会应该积极创造条件、打造平台、提供机遇,帮助和田地毯构建资源体系。

一是融入现代元素。在设计和制作地毯时,将现代元素与传统工艺相结合,使地毯更符合现代人的审美和生活需求。例如,可以运用现代图案、色彩和构图技巧,使地毯更具时尚感和艺术气息。

二是挖掘文化内涵。充分发挥新疆和田地毯的文化价值,将和田地区的特色文化元素融入地毯设计中。例如,将新疆的民族图案、民间故事、历史典故等元素创新地应用于地毯设计,突出地毯的文化底蕴。

三是注重个性化需求。针对不同消费者群体,设计和制作具有个性化特点的地毯。例如,为年轻人打造简约、时尚的地毯,为儿童设计富有童趣的地毯,为商务场合定制高档、大气的地毯等。

四是研发新产品。不断研发具有创新性的地毯产品,以满足市场和消费者的多样化需求。例如,开发具有特殊功能的地毯,如防滑、抗菌、易清洗等;或采用新技术、新材料制作地毯,提高产品品质和环保性能。和田手工地毯精湛工艺和深厚历史文化底蕴与现代先进的机织地毯技术相结合,开发出蕴含和田民族文化的新的机织地毯品种,可以实现和田地毯产品的多元化和高、中、低档产品的系列化,也可以扩大新疆地毯产品总的生产规模和市场份额,进一步提高新疆地毯业在国内外的知名度和市场竞争力。

(三)高度重视和推进绿色发展

1. 解决染色环保问题

羊毛染色之前需要清洗羊毛纱,待干燥之后进行纺纱,然后开始染色工序。传统染料是纯天然的,按比例配好放在染缸中,不同的颜色在染色过程中的浓度、温度和时间是不相同的。各种颜色的毛纱染好之后,需要在温水中清洗,然后挂在阴凉通风之处,自然晾干。这个过程中存在大量水资源消耗和水污染、土壤污染的问题。随着工业化进程，工业染料在当代的染织中逐渐替代传统染料，占据主要地位，其原料主要为红、黄、蓝、橄榄、褐色、黑色等，按一定比例把这几种颜色混合，可以调制成不同的颜色。工业染料具有成本低廉、简便好用等特点，但是对于土壤和水体污染十分严重，有些甚至对人体有直接危害。

和田地毯产业总体上定位中高端，其未来发展应该是一方面适当保留和升级传统天然染料的染色方式，彻底解决色牢度和安全性问题，对产品进行高规格环保认证；另一方面在工业染料的使用过程中，设法提升染料效果，不断减少水资源的消耗，降低成本。同时，建立统一的大规模染色废水回收系统。可以从地区所有地毯产品的销售收入中拿出一部分进行废水无害化处置，也可以学习其他地区相关企业成熟技术和经验，建设可循环利用的废水回收利用生态系统。

2. 重视废旧地毯的绿色回收

地毯的使用年限因其品类、功能和具体使用环境而不同，但除了收藏外，其他的使用必然会产生大量的废旧地毯。因此，除了编织新地毯，和田地毯产业对废弃地毯的处置研究也应该越来越重视，以适应和田沙漠绿洲的实际、人与自然和谐共生的发展要求。

对废旧地毯的科学处理是对环境的有效保护。过去大部分的废旧地毯被遗弃成为垃圾，进行了填埋，还有一部分被直接焚烧。焚烧会产生大气污染，尤其是含有合成纤维等原料编制的地毯。而随着填埋成本的不断增加以及可提供填埋垃圾的场地数量受到限制，填埋地毯不是长久之计。目前美国相关企业已经研发出一种废旧地毯翻新再利用的技术，其翻新的地毯品质跟全新的地毯相差无几，但成本要便宜一半，这是一种可以借鉴的回收方式。和田纯羊毛地毯抛弃后虽然可以生物降解，但是耗费的时间比较长。一般来说，最快需要半年，有的长达几年，在沙漠化等极端干燥条件下可能上百年的时间都不会生物降解。增加科研投入和科技攻关，对和田地毯进行更好地回收处置以及合理利用，是保护环境的一种有效做法。

（四）积极开拓国内外市场

新疆自古就是多民族聚居地，维吾尔族、哈萨克族、蒙古族等少数民族都有使用地毯的传统，把地毯作为生活必需品，地毯文化源远流长。如今，随着城镇化的加快，加上现代室内装饰时尚文化的影响，不仅地毯的需求量不断增长，人们对花色品种的要求也越来越高。新疆本地几乎家家户户都要使用地毯，婚嫁乔迁时地毯更是不可或缺的物品，每年地毯销售额估计在30亿元以上，销售量在2000万平方米以上。❶随着国际地毯消费额逐渐上涨和国家相关优惠政策的出台，和田地毯产业资源优势、地理优势不断凸显。

进入21世纪以来，我国机织地毯产业进入发展快车道，整个地毯行业产量年均增长20%以上，出口量年均增长30%以上，成为世界第三大地毯生产国和第四大地毯出口国。❷在中国旅游业等相关产业迅猛发展过程中，地毯市场持续增长，特别是2008年北京奥运会、2010年上海世博会、2012年广州亚运会、2022年杭州亚运会的举办以及各大城市中央商务区（CBD）的建设给商用地毯市场的持续增长带来强有力的支持，中国机织地毯业进入历史上发展最快的时期。随着城市化进程加快，中国居住环境改善和生活水平提高，中国家用地毯市场的潜力也将被逐渐开发，进而对整个地毯业的发展起着举足轻重的作用。商用和家用地毯市场的需求持续增长，和田地毯产业未来发展前景十分广阔。

和田地毯目前总体上仍面临着市场销路不畅、推广渠道单一、从业人员专业水平不足等问题。和田地毯企业要跟上市场发展步伐，培养一批电子商务人才，借助互联网平台拓展渠道，打出产品品质和品牌影响力。还可以多利用特殊的纪念场景和时间，这既能发挥和田地毯的社会价值，也能为和田地毯文化和产业的影响力提供巨大的帮助。独具民族特色的新疆手工艺产品，随着档次、质量的不断提升，其经济价值和社会价值已经吸引了更多的

---

❶ 宋佳音：《新疆发展地毯产业的机遇和优势》（《当代兵团》，2015年第23期，49页）。

❷ 同❶。

关注。如新疆最大的和田地毯厂，主要编织360道、450道、540道、720道中高档地毯，其图案设计和配色方面在继承传统图案的基础上进行了大胆的创新和改进。1990年，和田地毯厂为亚运会特别编织巨幅挂毯；1992年为北京人民大会堂新疆厅制作了大型艺术地毯；还在1997年、1999年分别为自治区人民政府制作了赠送香港和澳门回归的艺术地毯。这些产品无论是使用在特定的重要场合、场所，还是在重要事件中作为新闻报道被介绍或提及，都会持续对树立和田地毯的品牌形象和品质口碑产生良好的效应。

近年来，家用地毯市场风生水起，沿海各大城市的家用地毯销售增幅迅猛，并且正在以较快速度向内陆城市辐射。和田手工羊毛地毯有着悠久的历史，产品高雅、舒适、环保，富有文化和艺术收藏价值，随着各族群众对美好生活的追求，年轻一代消费者对舒适家居和工作环境的更高追求，和田地毯进入家用市场、商用市场和艺术市场都有广泛的空间，和田地毯产业也定会有更加美好的未来。

参考文献

[1] 阿不都热合曼，肉孜.新疆地毯产业现状与发展对策研究[J].西部论丛，2018（2），134-137.

[2] 曹荣.传统工艺振兴视野下的新疆地毯产业发展研究[D].郑州：河南农业大学，2017.

[3] 地里夏提·吾布力.新疆和田地毯产业发展战略研究[D].乌鲁木齐：新疆师范大学，2019.

[4] 贾所学，赵洪涛，杨宇.基于产业生态学视角的新疆地毯产业可持续发展研究[J].生态经济，2017（8），39-42.

[5] 玛丽亚·努尔.新疆地毯设计与营销策略研究[D].乌鲁木齐：新疆艺术学院，2016.

[6] 夏克尔·赛塔尔.维吾尔族民间地毯研究——以和田地毯为例[D].上海：东华大学，2014.

[7] 孙方姣，李强，夏克尔·赛塔尔，等.新疆维吾尔族传统手工栽绒地毯工艺研究[J].丝绸，2019（8），66-74.

新疆和田花帽实物测绘研究

沈飞、唐硕、单刘艺、徐岩

佩戴花帽是维吾尔族人民的重要生活习俗，在日常社交、走亲访友、节日聚会等场合中佩戴花帽，不仅是对民族传统文化的传承，也是对长辈、亲友的尊重，更是民族审美意趣的体现。本研究报告对新疆和田地区所收集的花帽进行数据测量与绘制，剖析花帽的制作结构，分析花帽的装饰图案题材、构图与纹样造型，研究花帽的装饰工艺方法，力求通过实物研究对新疆和田花帽进行数据记录，分析其传统手工技艺，在保护民族优秀传统文化的同时，期望为当下设计领域提供参考与借鉴。

一、新疆花帽概况

花帽是维吾尔族服饰中的重要配饰，与维吾尔族人民的生活密不可分。受自然环境影响，维吾尔族人民佩戴帽子最初是为了抵御风沙。这种每日佩戴帽子的生活方式逐渐演化为维吾尔族人民的服饰穿戴习俗。花帽包含着维吾尔族的人文风情，花帽的种类、造型、图案、材质、工艺多种多样，是维吾尔族民俗文化的载体，也是维吾尔族的标识象征之一。

在日常生活中，维吾尔族人民会根据自身的性别、年龄，以及应用场合佩戴不同的花帽。每逢节日婚礼、歌舞盛会、探访亲友，维吾尔族人民都要以精巧漂亮的花帽装饰打扮自己，绚丽缤纷的花帽及民族服饰与民族礼仪相得益彰，佩戴花帽成为人们重要的生活礼仪。有时，维吾尔族人民会将花帽作为维吾尔族最真诚的礼物送给尊敬的客人，以体现他们的好客之情；有时，他们将制作精美的花帽作为装饰品摆放在家中欣赏，以上都充分表达了他们对于花帽的喜爱。

维吾尔族花帽的主要佩戴季节为春、夏、秋，材料多为棉布、丝绒布等；冬季主要佩戴皮帽以防寒保暖。花帽种类众多，通常根据图案的名称与造型命名，或根据地域来区分。新疆和田位于塔克拉玛干沙漠的古老绿洲，其干旱少雨多风沙的自然环境形成了奇特的地域特色。和田地区人们通常佩戴的花帽有于田小花帽、巴旦木花帽、奇蔓花帽、格兰姆女帽、艾德莱斯花帽等。巴旦木花帽帽身上多绣有巴旦木花纹，帽底边位置装饰有拱形或山形图案，多用黑底白花，整体庄重、古朴大方（图1）。奇蔓花帽以"人"字或"米"字为骨架构图，穿插对称布局的藤蔓枝叶纹样，绿色底色上刺绣白色图案，整体素净淡雅（图2）。格兰姆花帽是根据织绣工艺命名的花帽，几何纹组成满地铺的图案造型，多彩绚丽（图3）。

  花帽的基本造型为拱顶，按照不同造型可分为圆顶花帽、方形花帽、椭圆形花帽等，而方形花帽又可分为尖顶方形花帽和圆顶方形花帽。从外形观察，可见花帽有四瓣、五瓣等结构，可以按照这些结构的缝线位置折叠，便于携带和保存。刺绣是花帽采用的主要工艺，因此也见"绣花帽"的称谓。丝线平绣、串珠片绣、十字数纱绣、盘金银绣、钩花刺绣、扎绒刺绣等是常见的花帽手工刺绣技艺。

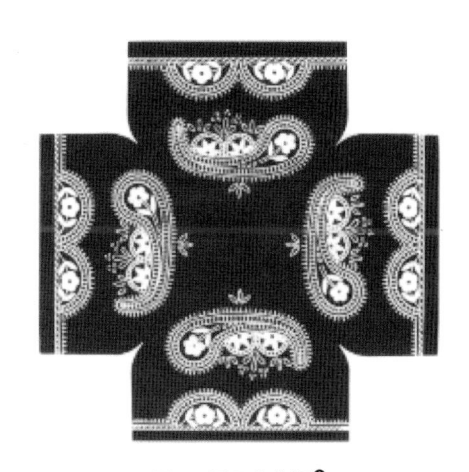

图1　巴旦木花帽[1]

图2　奇蔓花帽[2] 　　　　图3　格兰姆花帽[3]

---

[1] 图片来源：张享德、韩莲芬，《新疆花帽纹样艺术》，乌鲁木齐：新疆美术摄影出版社，2015年，151页。

[2] 图片来源：张享德、韩莲芬，《新疆花帽纹样艺术》，乌鲁木齐：新疆美术摄影出版社，2015年，236页。

[3] 图片来源：张享德、韩莲芬，《新疆花帽纹样艺术》，乌鲁木齐：新疆美术摄影出版社，2015年，30页。

二、和田地区花帽实物测绘

（一）方形花帽实物测绘

此款方形花帽方便小巧，可以折叠，便于携带、存放（图4~图7）。这款花帽的结构与常见的尖顶方形花帽相同，较为突出的特点是帽身较高，帽顶较平。

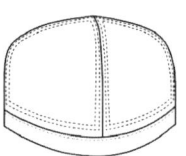

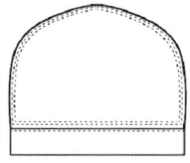

图4 帽子正视图 　　　　　图5 帽子侧视图

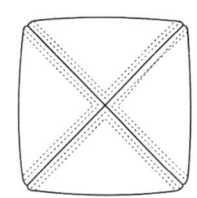

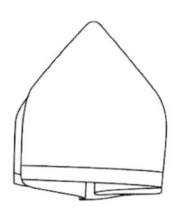

图6 帽子俯视图　　　　　图7 帽子折叠图

1. 方形花帽的裁剪方法

此方形帽子的裁剪方法为帽顶和帽身连裁，裁剪成四块相同形状，所以也称为四瓣帽子。此顶帽子上半部分为顶角小于90°的三角形，下半部分为倒梯形，底边留下缝份与贴边相缝合。测量得出每一片底边长13.9厘米，底边到梯形上边为5厘米，梯形上边至三角形顶角处为8.5厘米。帽子最底部的贴边高为2厘米，需要对折处理，展开高度为4厘米，同时留出1~2厘米缝份。贴边总长55.5厘米，由较短的部分（21厘米）和较长的部分（34.5厘米）组合而成。

裁剪制图步骤：

（1）先画出上下底边为13.9厘米、高为5厘米的长方形，再将上底边左右各延伸0.6厘米后与下底边连接，形成一个倒梯形。

（2）画出底边为13.9厘米+1.2厘米、高为8.5厘米的等腰三角形。

（3）将等腰三角形的底边与倒梯形的上底边合并，将两个图形的接角处圆顺处理。

（4）画出一个长21厘米、高4厘米，另一个长34.5厘米、高4厘米的两个长方形。

（5）在缝制过程中，四片的两侧均需要留出缝份以利于拼接缝合。由于每一片都由三层不同的面料组成，因此需在每一片上采用绗缝工艺对面料进行固定，在此基础上将固定好的四片拼合，形成一个类似于金字塔的形状。

（6）帽子上半部分缝制完成后，与两个长方形组成的长条拼合形成最终的帽子形态（图8~图10）。

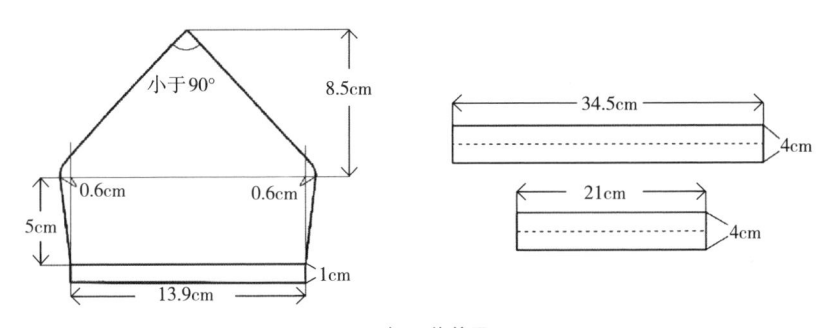

图8　帽子裁剪图

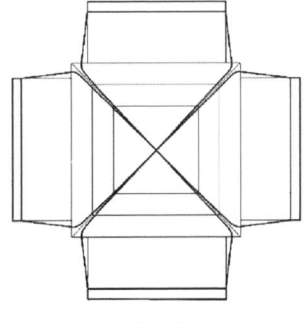

图9　帽子展开图

图10　花帽内部结构

2. 方形花帽的图案与装饰工艺

此尖顶方形花帽四面皆有图案，图案的构图依据帽子的四面结构而设计。每一面的图案均为适合图形，由三层装饰边缘和中心的花草图案组合而成。三层装饰边缘采用了不同的机绣线迹，分别为最外层的两条平缝线迹、中间的三条波浪形线迹，以及内层的6条平缝线迹。每一面的花叶图案造型略有不同，叶片数量5~7片不等（图11、图12）。

图11　帽子图案　　　　　图12　帽子图案线稿图

新疆花帽根据性别年纪可分为女帽、男帽及孩童帽、老人帽、青壮年帽等。青壮年帽多比较色彩绚丽、对比强烈，老人帽多较庄重朴素；女帽鲜艳丰富、多为红黄色系，男帽多为黑、绿、白、红等色系。在一本收集20世纪60~70年代维吾尔族帽子的著作中，可见与所研究帽子类似的造型与图案（图13、图14），由此可推测该帽子可能为老人佩戴的男帽。

图13　平针绣男性老人帽❶　　　　　图14　花帽展开图

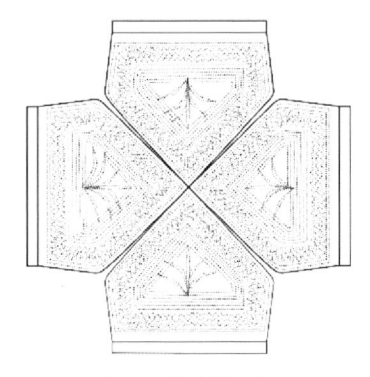

---

❶ 图片来源：张亨德、韩莲芬，《新疆花帽纹样艺术》，乌鲁木齐：新疆美术摄影出版社，2015年，62页。

（二）巴旦木纹方形花帽实物测绘

第二件花帽实物为常见的尖顶方形花帽，由上方的帽顶与下方帽身两部分组合而成，整体呈方锥形。帽顶为四瓣结构，通过绗缝工艺进行支撑，每一面呈三角形，顶角角度小于90°。帽顶与帽身上半部分均有巴旦木纹等图案装饰。

1. 巴旦木纹方形花帽的裁剪方法

（1）俯视观察方形帽顶，为边长13厘米的正方形造型。

（2）在正方形每条边中心点位置向外放0.8厘米，绘制4条缝合边。

（3）帽身长度按照帽顶4条边线长度进行裁剪，帽身的高度通常为5~8厘米。该款帽子的帽身总高为5.5厘米，由高3厘米的花色帽身与高2.5厘米的黑色贴边组成。花色帽身为两段长度不同的布条拼接而成，一段长18厘米，另一段长34厘米，帽围为52厘米。如图15、图16所示。

图15　尖顶方形花帽实物图

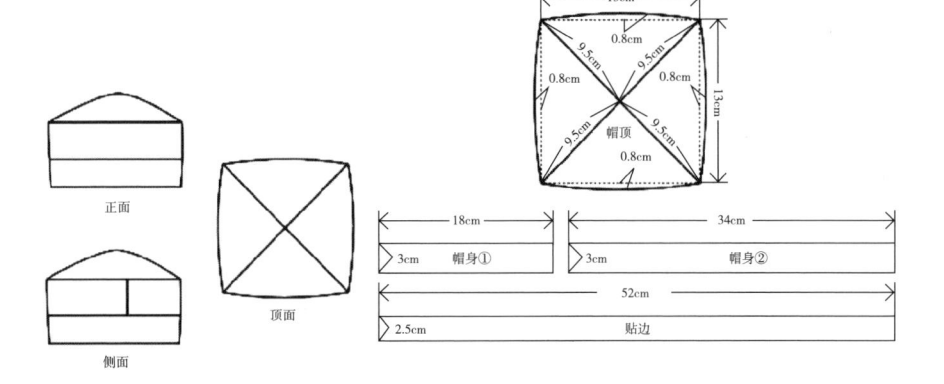

（a）外观图　　　　　　（b）裁剪图

图16　平顶花帽外观图与裁剪图

2. 巴旦木纹方形花帽的图案与装饰工艺

花帽采用具有装饰意味与民族风情的巴旦木纹进行装饰。巴旦木纹通常被认为来源于新疆干果巴旦杏。巴旦杏源于波斯，是在干旱沙漠地带生长开花结果的树木，其果核形状似一弯新月。维吾尔族人民非常喜爱使用巴旦木纹进行装饰，花帽上一般以一朵或者两朵经过变形的巴旦木花作为一个花型单位。该款花帽以两朵巴旦木花为一个单位，装饰在帽顶和帽身（图17）。此款帽外部为织锦面料，里料为红色棉布，在外部面料与里料之间有用纸卷成的内部填充物，使用黑白棉线对里料进行绗缝，帽边为黑色丝绒贴边（图18）。

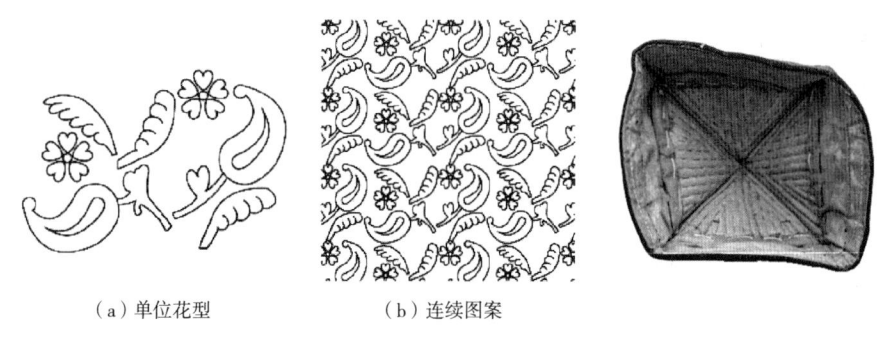

（a）单位花型　　（b）连续图案

图17　巴旦木纹装饰图案　　　　图18　花帽内部缝合工艺

（三）丝绒地钉金绣花帽测绘

这顶丝绒地钉金绣花帽属方形花帽类型。方形花帽是维吾尔族花帽中最为常见的造型，底部呈方形，向上延伸出四个棱边和四个面，因此也被称为四棱花帽。方形花帽的正确佩戴方式是将其中一角朝正前方佩戴于头顶（图19）。

1. 丝绒地钉金绣花帽的结构与裁剪方法

该花帽顶部有凸起但不尖，由板型可以推断属于平顶方形花帽。此种花帽的结构分为帽顶、帽身和贴边三个部分。帽顶虽为方形但四边带有一定弧度，帽顶的高耸程度与弧度的大小相关。帽子高约11.5厘米，帽身长52.5厘米、高5.5厘米，帽身的长度与佩戴者的头围相同。帽身处进行绗缝，是支撑整顶帽子的关键部分。在绗缝中放有纸丁填充物以加强帽子的硬度，使其不易变形。帽子贴边宽1.5厘米，长度与帽身长度相同，起到支撑固定的作用（图19）。

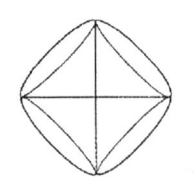

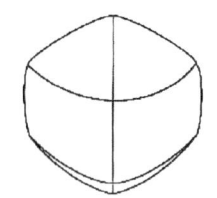

图19 丝绒地钉金绣花帽

绘制板型时，帽顶需要先画出边长为12.7厘米的正方形，由于帽顶的板型是带有弧度的四方形，所以取12.7厘米边长的中心点，延伸0.8厘米，与四边形的顶点连接成弧度均衡的弧线（图20）。帽身为一片式板型，画一个高5.5厘米、长52厘米的长方形即为帽身的板型。贴边为宽1.5厘米、长52.5厘米的条状，剪裁时应当留出适当缝份以满足缝纫需求（图21）。

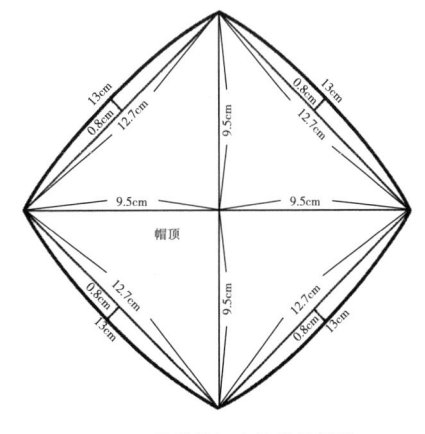

图20 丝绒地钉金绣花帽板型

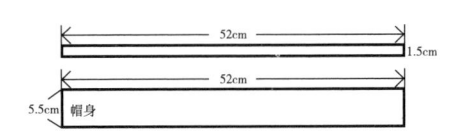

图21 丝绒地钉金绣花帽帽身与贴边

2. 丝绒地钉金绣花帽缝制方法

这顶丝绒地钉金绣花帽从板型结构来看，符合平顶方形花帽的特征，同时呈现尖顶方形花帽的尖顶特点。在制作花帽的时候，在表布与里布之间用纸衬进行填充，在没有化纤硬贴衬的年代，纸衬在帽子、鞋子等需要固定形状的服饰的制作过程中较常见，是将多张纸叠加至一定厚度、硬度后使用，或直接使用硬卡纸。纸衬的形态可以通过层叠或卷缠形成多种造型，用来支撑帽顶的纸衬形态大多与板型相同，帽身的纸衬则多为细管状结构，本次研究的丝绒地钉金绣花帽的帽身就是以细管状纸衬为填充材料来支撑帽身的。以纸为衬，起到了固定与塑造形态的作用，同时增加了帽子的厚重感。

绗缝是手工制作花帽最具有代表性的缝纫方法之一。绗缝不仅仅有固定布料、拼接成型的作用，在定型效果上也起到了至关重要的作用。前文中提到，这顶丝绒地钉金绣花帽同时具有平顶方形花帽、尖顶方形花帽两种特征，原因就在于该花帽的绗缝技巧。该花帽的帽顶结构被分成八等份，在分界处采用了"反针式绗缝"，线有一部分交叉重叠，在固定布料的基础上起到了定型的作用，再将夹在两层布料之间的纸衬沿线迹折叠定型，使这顶花帽檐反针式绗缝的线迹产生了尖顶的效果。帽顶结构整体使用0.5厘米行间隔的平行绗缝进行缝制，绗缝的针脚0.3~0.7厘米大小不均。帽顶结构按照八等分的面积大小，采用竖缝及斜缝两个方法。竖缝是以帽顶板型的边缘线（底边）为基准垂直进行缝制；斜缝则是平行于八等分的对角线进行缝制。这样的缝制方法考虑到了表、里两层布料的织造工艺和剪裁方向，能够将两层布料贴合固定。

不同于帽顶结构的一片式纸衬，帽身的纸衬为细管状结构。为了能够更好地固定这些细管状纸衬，帽身采用了与底边平行、间隔0.5厘米的绗缝线迹，针脚0.3~0.7厘米不等。帽身处的细管状纸衬呈规则的阶梯状从里布的破洞中伸出，由此推断其是在绗缝完成之后，在设计好的位置剪口，然后将纸衬穿入其中，以起到固定支撑的作用（图22）。

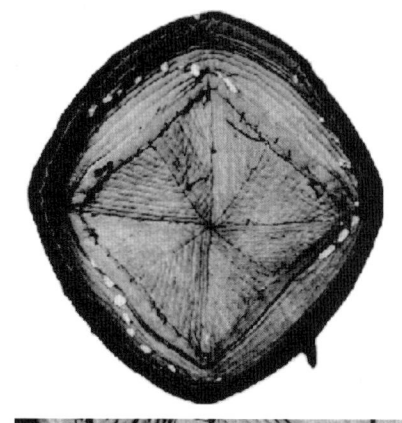

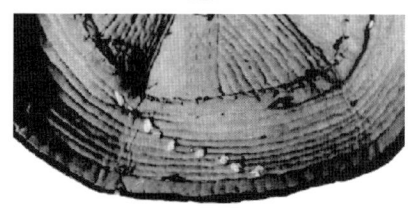

图22　丝绒地钉金绣花帽内部绗缝与纸衬

3. 丝绒地钉金绣花帽的装饰工艺

这顶花帽的主要材质为丝绒面料，采用钉金线刺绣。在新疆和田地区和库车地区，当地人喜用优质丝绒面料制作花帽并运用手工刺绣进行图案装饰。

维吾尔族帽子之所以被称为花帽，是因为帽子上有精美的图案装饰，色彩缤纷，美轮美奂。维吾尔语中的"朵帕"原意为"绣花的帽子"，即我们现在所说的花帽。其图案装饰的工艺，大多是通过刺绣来呈现的。刺绣工艺是维吾尔族服饰文化中十分重要的一部分。维吾尔族刺绣历史悠久，工艺技术精湛，手法种类众多，且具有鲜明的民族特色和区域特点。在维吾尔族传统服饰中，刺绣技艺的展现最为典型的就是花帽。绣制花帽的手法有平绣、十字花绣、串珠片绣、钩花绣、辫针绣、盘金盘银绣、十字格绣、植绒绣等。区别于我国南方地区的苏绣、粤绣等主流刺绣细腻平顺的特点，维吾尔族刺绣更注重几何图形的排列组合、色彩的对比度和立体层次感，是自成体系、独具区域民族风格的刺绣。

这顶花帽采用钉金刺绣工艺，即将金属捶打成箔，捻成线状或包裹于芯线之上制作成金线，再按照纹样将金线钉缝于织物之上的刺绣手法。这顶花帽所用刺绣金线是用绣线做芯线，将金线缠绕于芯线之上，造型立体，具有丰富的肌理质感（图23）。传统的钉金线刺绣通常运用色彩鲜艳的钉线钉缝金线表面，而此顶花帽的钉金线是将钉线隐藏于缠绕在芯线上的金线缝隙中，被钉住的是芯线而不是金线本身。同时，在图案空隙处钉缝点缀米珠与亮片，与立体的金线刺绣一起呈现出华丽耀眼的艺术风格。此顶花帽所用金线粗0.4毫米，芯线为0.3毫米的棉质线，外层螺旋状包裹一层金箔，金箔无背层，具有一定韧劲。

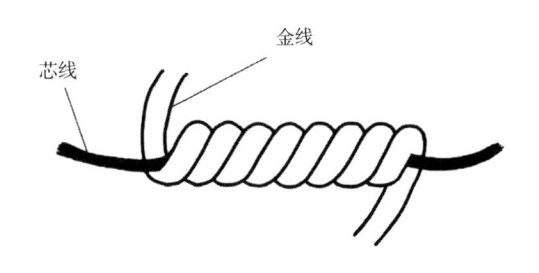

图23 丝绒地钉金绣花帽的刺绣金线结构

4. 丝绒地钉金绣花帽的装饰图案

刺绣与图案之间的关系密不可分。新疆拥有历史悠久的刺绣技艺，刺绣的图案也具有鲜明的民族地域特点。艺术源于生活，质朴的维吾尔族人民善于发现大自然的美，善用自然物像、几何图形作为灵感进行艺术创作。新疆地大物博，尽管各地区人民的生活和自然环境有所差异，使各地区的图案艺术有些许不同，但相同的是新疆地区人民对日常生活的热爱和对美好生活的向往。

和田地区周边的地貌虽以沙漠为主，干旱且风沙大，但是和田却是塔克拉玛干沙漠中最古老的绿洲之一，也是著名的瓜果之乡。和田盛产食用玫瑰，是当地重要的经济作物。尽管地处沙漠却产花产果，受自然生活影响，当地的装饰图案多以枝蔓、叶片、花朵、果实等为灵感素材。这些元素不仅被使用在服饰中，和田地区的建筑、日用品等装饰图案中也以这些元素为主。将人们对于鸟语花香的美好向往毫无掩饰地体现在他们的生活艺术之中。

此顶花帽的图案设计灵感源于和田地区的自然环境。以常用的花、叶、蔓为主题，巴旦木纹穿插其中，由藤蔓贯穿并将两者相连，其间用米珠和亮片进行点缀。帽顶和帽身的图案重复四次，使帽子每面都呈现相同图案。图案整体紧凑、密集、饱满，形状轮廓清晰、错落有序，色彩对比明显，颇具民族审美特征（图24）。

图24　丝绒地钉金绣花帽的图案

此丝绒地钉金绣花帽，在黑色丝绒底布上以十分精细复杂的盘金刺绣作为装饰，并以串珠亮片点缀其间，刺绣立体有型且明亮度高，底色与装饰刺绣的色彩对比明显。黑色丝绒材质，是和田地区常用的制作花帽的材料。整顶帽子都是纯手工制作的，工艺精美。

在新疆地区，年轻的女孩子喜欢用色彩缤纷的花帽打扮自己，多用金色、银色的亮片进行装饰，在阳光下灿灿发光，彰显她们的青春和活力。年长一些的女性则会选择深色系的花帽。这顶运用复杂手工刺绣呈现雍容华贵风格的花帽，大约为成年女性在庆典等重要社交场合所佩戴。

（四）钟形小皮帽实物测绘

于田小花帽"坦力拜克"是一种尺寸很小、女性在四季可佩戴的装饰性花帽，是和田地区具有代表性的花帽。这种小花帽实际上是皮帽的一种，高约5~6厘米，口径不足10厘米，帽顶为绸缎，帽身为羊羔皮或人造皮质面料，用黑白棉线缝制。佩戴时用别针固定在盖头披巾上，其样式与佩戴方式与民族风俗有着紧密联系。在日常生活中可通过帽顶的颜色来区分佩戴者的身份与年龄，老年妇女的帽顶通常为白色，中青年妇女的帽顶为蓝色，未出嫁的可不佩戴此帽。

1. 钟形小皮帽的结构与裁剪方法

在维吾尔族人民聚居地区，除了琳琅满目的花帽外，传统皮帽也是常见的帽子品类之一，是维吾尔族人冬季御寒的必备之物。维吾尔族传统皮帽根据其形状不同被分为钵体皮帽、梯形皮帽、柱形皮帽、钟形皮帽等，也有根据制作材料不同分类命名的皮帽种类，由此可见皮帽的种类相当之多。皮帽，顾名思义，是以动物的皮毛为主体材料制作而成的帽子，帽子的表布大多采用丝绒面料，里层的布料以鞣制过的羊羔皮为主。皮帽演变至今也出现了实用与装饰用的区别，实用的皮帽延续传统御寒作用，会在帽檐处使用有毛动物的皮来制作毛边；装饰用皮帽虽保留了传统皮帽材料的使用特点，依旧以皮为里料，但大小、形态改变都很大，融入了许多独特的审美效果。

本次研究的皮帽，是一顶典型的织锦钟形小皮帽，帽子整体由三部分组成：帽口毛边、帽面和帽顶。帽身全高约7.5厘米，帽口围约30厘米，帽底直径约10厘米，帽尖织锦装饰范围直径约4厘米，帽口毛边宽约1.5厘米。

将皮帽平放，可以清楚地发现皮帽的帽身并不是十分规则的锥形体，推断其设计原理是为了更符合人体头部的圆形，以较长边吻合头型，更利于佩戴（图25）。

绘制板型时，需要先画出帽面的曲线弧形结构，经过实际的纸样剪裁测量得出弧线梯形上边弧线长12.5厘米、下边弧线长30厘米、侧边长6.2厘米，侧边需垂直于上下边（图26）。根据上边弧线长度12.5厘米即为帽顶塑料膜的板型周长，可推出塑料膜的板型，将塑料膜板型四等分即装饰织锦的板型（图27）。剪裁1.5厘米宽、30厘米长（与弧线梯形下底边等长）的帽口毛边，完成板型的制作，剪裁时留出适当缝份以满足缝纫需求（图28）。

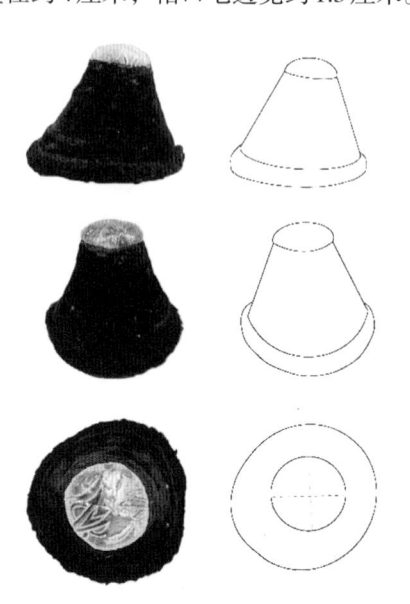

图25　钟形小皮帽

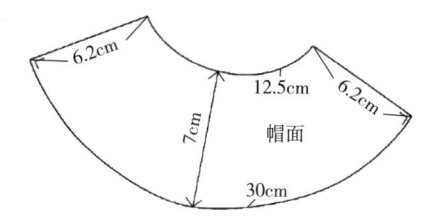

图26　钟形小皮帽帽面结构

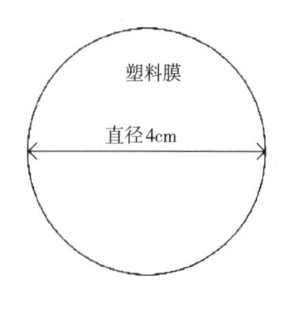

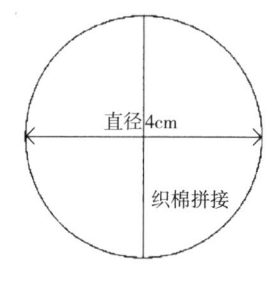

图27　钟形小皮帽帽顶结构

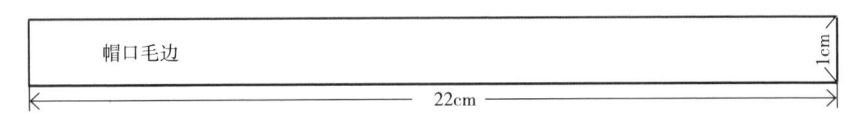

图28　钟形小皮帽帽口毛边结构

帽口的毛边由羊毛制成，帽面表布为丝绒面料，里布是传统的鞣制羊裘皮，帽顶则以精致织锦面料作装饰。钟形皮帽是维吾尔族传统皮帽中最具地域特点的帽子类型，是和田地区于田县、民丰县、策勒县等地维吾尔族妇女穿戴的一种小型皮帽，维吾尔语称其为克里亚台利派克，汉语称其为于田小皮帽，小而精致，被称为"世界上最小的帽子"，是脱离传统御寒效果仅作为配饰穿戴的典型案例。

2. 钟形小皮帽的缝制方法

帽顶表面由4片大小大致相等的织锦拼接成圆形，在圆形之上覆盖一层塑料膜作为装饰织锦的保护层，塑料膜为一片式，没有拼接痕。里层由4片同等大小的类三角形裁片拼接而成。帽面的表布为丝绒材质的一片式板型，里布将皮料等分成4片并拼接缝合。帽顶缝合后需要呈现为完整的圆形以与表布相契合，因此里层板型的顶端尖角需为90°直角（图29）。

缝制过程：先将帽顶的塑料膜和表布缝合，将织锦固定，再将帽顶和帽面两部分的表布缝合；之后缝制里布的皮料。将两层帽顶固定缝合，再将帽顶套在帽面的里层皮料上固定并缝合，随后将帽面的表布丝绒布料盖在外层缝合，这时要使用针迹超过1厘米的反针缝来加固表、里两层（图30）。缝合后会发现里层皮料的长度短于表布，因此在固定里层皮料底边时，线迹会穿透至丝绒布

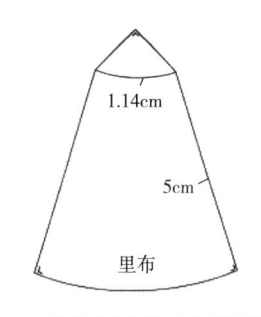

图29　钟形小皮帽帽身与帽顶结构

图30　钟形小皮帽内部缝合细节

料表面，丝绒布料的绒毛会隐藏一部分线迹，使缝纫痕迹隐约可见。最后用羊毛帽口封边，对羊毛里层进行包边并与里层皮料缝合。

由于皮料的特殊性，缝制工艺与传统布料存在较大差异。皮料有一定的厚度和硬度，如果像一般布料一样通过剪裁添加缝份缝制，并折叠熨烫缝份的话，会出现缝份处过厚、过硬且无法折叠处理缝份等问题。同时，皮料比普通面料价格高且稀有，因此在裁剪皮料时，一般不添加缝份，而是直接按照板型原大小进行裁剪。缝制皮料时也不采用常见的纵向沿边缘轮廓线缝制的方法，而是横向走针、纵向罗列，针脚0.4~0.7厘米不等，上下针脚间隔约5厘米，且尽可能贴紧两块皮料的边沿（图31）。皮料的密度大于一般布料，因此会用更粗的针与更结实的线来进行缝制，线会成为两片皮料间的支撑与连接。在缝制之前会提前对落针处或落针范围做好记号，因为皮料的高密度、高厚度，会使皮料缝纫错误之后留下无法复原的针孔而影响成品效果。

图31　钟形小皮帽缝制线迹

三、小结

此次所研究的四顶花帽收集自新疆和田地区，是新疆花帽中具有一定代表性和典型性的花帽类型，这些花帽的造型、材质、装饰图案、工艺技法各具特色。通过对四顶花帽在结构造型、缝制方法、装饰图案、传统刺绣技艺等方面的分析，可以看到新疆花帽的独特结构及其中蕴含的浓郁的民族艺术特征、优秀的传统手工技艺。花帽是维吾尔族的象征，一顶顶"朵帕"承载着多姿多彩的维吾尔族民俗文化，蕴含着维吾尔族人民的智慧，是值得保护与传承的中国传统少数民族服饰文化。

同时，作为沙漠绿洲和田的服饰，花帽的考察还可以进一步延伸，将其与和田地区的民族服装的整体联系起来进行考察研究。也就是说，花帽与和田人民富有特色的如艾德莱斯等传统民族服装，与和田当地人民在实际生产生活中发明和习用的靴履，它们在纹样、色彩、文化上的整体表达，在造型、功能上与自然、环境和谐的工艺特点，在满足和适应人民生活需求的价值取向等方面，都还有待进一步地深入探讨。

参考文献

[1] 张享德，韩莲芬.新疆花帽纹样艺术[M].乌鲁木齐：新疆美术摄影出版社，2015，6.

[2] 宿伟，吕慧，许平山，等.新疆和田皮山县的花帽艺术[J].城市学刊，2016（1）：91-93.

[3] 阿巴拜克力·依沙克.浅谈维吾尔族传统帽子[J].中国科技信息，2011（4）：189-190.

[4] 艾尔西丁·若孜，单小红，夏克尔·赛塔尔，等.新疆维吾尔族传统帽子的结构分析[J].纺织学报，2015（6）：112-118.

[5] 骆惠珍.新疆维吾尔族花帽的文化审视[J].新疆社会经济，1998（3）：72-75.

[6] 吴世宁.戴在头上的艺术：维吾尔族花帽[J].美术观察，2009（12）：115.

以玉为饰：服饰用和田玉的历史与未来

吴小军、周长华、李则

中国人爱玉，将玉器佩服，使用于日常，是一种独特的审美传统和生活哲学，也是一种深远的文化追求。然而近代以来，随着国际一体化而来的人民着装体系的极大变化，使玉饰在现代服装中出现弱化的阶段性趋势。如何满足蕴含在中华民族内心深处的、长久以来的佩玉文化需求，需要我们立足新时代新要求，积极探索和田玉饰的佩服内涵，创新佩服形式，以满足人民对美好生活的要求。我国和田作为和田玉原产地，在和田玉饰新时代的繁荣复兴进程中立足历史又超越历史，构建生产创新产业中心，在服务和田人民生产生活水平提高、服务中华文化伟大复兴工作中积极有为，是具有重要意义的工作内容。

一、我国历史上的和田玉与服饰用玉

以玉为饰，是中国人民自古以来的服饰传统。在历史长河中出现的众多玉材中，和田（于阗）玉占有特殊的重要地位。上古玉器材料来源多元，以"美石为玉"，就近取材。如良渚玉产自溧阳，红山产岫玉。考古发现，自商开始，南北都有出土和田材料玉器。先秦各时期，进入玉器发展一个新高峰，服饰用玉逐渐制度化、贵族化，种类既多，数量也大，纹饰更神奇。至汉代，儒家对于用玉制度进一步神圣化、礼仪化，"玉有五德"的用玉文化体系逐渐完善。同时期，因为中央对于西域的管辖力量增强，和田玉成为崇尚玉器的汉代王室严格控制的国家资源。汉以规范，唐宋辉煌，至于明清，中华服饰用玉开始进入以和田玉为贵的发展主流。

（一）新石器时代的服饰用玉

中国是玉之国度。君子比德于玉，以考古发现而论，中华服饰文化以玉为贵重，至少距今八千年前即成时尚。在距今七千多年的浙江慈溪河姆渡文化中，即有丰富的服饰用玉。河姆渡出土的玉饰，多为小件，如玉管、珠、玦、环、项链之属，玉饰皆小，不见大器，尚不能证明为后世所谓的祭祀、器用，虽然应有分别尊贵之可能，但器用主要以配饰为主，为服务河姆渡人审美需要的服饰无疑。

至距今5000年左右的山东龙山文化、安徽凌家滩文化、内蒙古红山文化❶、浙江余杭良渚文化、南京北阴阳营文化等时期，几乎可以说中国玉器文化进入了第一个繁荣阶段。此阶段玉器文化的一个特征是出土玉器数量大，同时期南北东西的各个文化之中皆以玉器为重要文化遗存，中华玉器文化中一些基本的形制，如璧、琮、珩、璜、斧（钺）、环、镯、簪等玉器经典样式基本都有出现，礼仪用玉开始重要起来，服饰用玉也开始丰富起来。就服饰用玉来讲，虽然不同地域各有特点和侧重，但异中有同，一些服饰用玉与经典礼仪用玉的璧、斧（钺）、璜等一样，也逐渐出现一些普遍性的服饰用玉，如环、镯、管、玦、簪等。新石器时代的服装形态，虽然尚没有确切的出土实物可以观其面貌，但与之关系密切的服饰用玉形态，却因其形制、出土时墓葬及随葬人体的位置，可以想见其当时的一般使用方法，可作为服装与服饰佩戴的参考。

红山文化以牛河梁玉器为代表，其玉器数量尚少，但特征鲜明，图像形制复杂多变，生动写实的造型与近乎抽象的造型同时存在，其中独具风格的有勾云形玉佩、玉玦、玉镯，以及似用于束发的玉箍形器物。考古显示，红山文化玉佩，男女孩童皆见随葬，数量总体不多，但并不均衡，可以发现玉器为服装配饰已成风尚，并用以区分等级财富。这些玉器通常有对穿小孔，明显用于或缝缀或系挂❷、穿绳佩戴于不同的身体部位。

山东龙山文化在玉饰创造中，最有特点的是独特的出廓璧，其余玉管、镯之外，最引人注目的是丰富的玉簪。最优美的玉簪为1989年出土于山东临朐的玉簪，玉为青白色，整体为上下结合构建，下部簪杆为细长、尖端尖

---

❶ 红山文化一般认为是距今5000年前的新石器时代，但也有学者提出按照碳14年测定，其出现的时间要延后至距今3500年的夏家店后期时代。见苏芳淑：《考古艺术史中的玉文化》，上海书画出版社，2021年9月，2页。

❷ 苏芳淑：《考古艺术史中的玉文化》，上海书画出版社，2021年9月，8页。

锐、饰有弦纹的圆柱竹节形状，簪首为镂空雕饰兽面、镶嵌两颗绿松石的扁平玉牌状，簪首整体风格与位于南边的良渚文化出土的玉器形状类似。四千年前，此玉簪工艺精美不凡，几乎确定了此后中国玉簪的基本形态。

浙江余杭良渚文化的玉器是新石器时代中华玉器文化的高峰，不仅玉器数量大，品类丰富，而且后世出现的各类礼仪玉器基本定型，在服饰用玉上具有集大成、开先河的特点。在北阴阳营文化、凌家滩文化皆有出现的由玦、璜、珠串结合的类玉组佩，良渚出现的珠管结合的类似玉项饰等，可能开创了玉组佩的服饰形制。而玉组佩，在西周时代被继承为礼仪服饰的不二代表。在1987年安徽含山长岗乡凌家滩1号墓出土的多件玉雕人物形象[1]，清晰表明当时凌家滩人手臂配饰多节臂环、腰系宽带的衣着形象。而良渚玉饰的最大创造，则是第一次出现诸多的玉带钩。玉带钩的出现，表明良渚人的服饰与凌家滩玉人所见类似，腰上系带成为良渚人衣着的重要样式。而于五千年前出现的玉带钩的使用、形式，与商周之后普遍出现的各类金、铜、玉带钩的使用、形制，都可以看到类似性、联系性，以及衣着配饰功能上的一贯性。古人所谓"窃钩者诛"，玉钩的材质贵重，更可能为特定的阶层使用。此外，这种玉饰的服用，大概也是因为它同样配合着特定阶层、特定的服装形态的需要吧。

（二）商周：和田玉为尚、玉饰等级制度的时代

1. 商代

考古表明，在河南安阳妇好墓与江西大洋洲商墓中出土的诸多玉器中，已经出现和田玉材质的玉器和玉饰。商人爱玉，在妇好墓中甚至出现了北方红山文化、南方湖北石家河文化的玉饰，玉簪更为普遍且丰富。玉佩之中，出现了各类鸟、龙、虎的造型。造型既有圆雕，佩戴如玉坠子，也多见片状，适于佩戴装饰。服饰玉器，与其他商代玉器一样，通常雕刻以商代特色

---

[1] 吴卫红，刘越：《凌家滩：中华文化的先锋》，上海古籍出版社，2022年11月，141页。

的几何纹装饰。妇好墓出土的玉器，新疆透闪石较多，是"目前所知新疆玉最早输入中原的证据"，而且"至少是和田玉的本质美起了决定性作用"❶。

商代玉饰，不仅在雕刻和形制的文化表现上富有时代特色，似乎也可以从中窥见商代服饰的衣着文化。如孙机❷先生发现，商代没有发现可以称为"组玉佩"的形式。考古显示，商代男人发式，常见有辫发，女子则为发髻。虽未上衣下裳，但上衣常为窄袖，下身常为套裤，甚至裹腿。商人佩玉，不尚组织，不见组玉佩。这种玉饰服用方式，应该是与商代人们的衣裳形制有关系的。进一步观察，这种服饰方式可能与商人的部族源地、生产与生活方式也有联系。至少可以看到，从商代开始，玉饰出现显著等级化现象。著名的出土玉器丰富集中的商代大墓考古，是安阳的妇好墓。从妇好墓等商代主要玉饰出土的情况来看，虽然玉饰的服用显示出尊贵，以多少显示等级的情况也是明显的，但以类别、类型等区分尊卑的玉饰观念还不像周代那样成为普遍的社会现象。

2. 周代的冠冕衣裳与玉饰潮流

周代相对于商代服饰的变革，在服饰文化上的最大变化是将玉饰使用与严格的宗法礼制密切结合起来，所谓"郁郁乎文哉"，在玉饰的服用上就是按照不同的身份等级，形成一套规范严格的用玉制度（当然不只玉饰服用），数量、质地、大小等都有规定。《周礼》对此有清晰的记载。周代衣裳，有冠冕制度，衣裳宽敞。周人尚玉，以玉组佩为礼仪与配饰兼能的主要形式，通常以组玉佩的繁简区分贵族地位的高低。周初、中组玉佩类似延长的项链，套于颈项，挂在前胸，压住衣服，约束行为和步态，以步态缓慢为贵重。至春秋战国之交❸，衣裳制度变化出现所谓"被体深邃"的"深衣"，从此成为战国至汉代的重要衣服形制。这种流行于中原的曲裾拥掩、宽袖透迤，似乎与逐渐逾越制度的玉组佩形式有一定关系。例如，我们可以假设，

---

❶ 杨伯达：《中国玉器全集（下）》，河北美术出版社，2005年6月，678页。
❷ 孙机：《华夏衣冠：中国古代服饰文化》，上海古籍出版社，2016年8月，3页。
❸ 同❷，21页。

周初开始的玉组佩的滥觞,以及贵族衣裳的高度礼仪特征,诱发了上衣下裳的服用功能的变化,从而促进了上衣下裳服式向深衣的转变。

周代用玉繁复,对于玉器的认识不断提高,玉器的礼仪性、制度化走向完善,和田玉在周代的使用开始普遍起来。《史记》载周穆王事迹,周天子西游昆仑之墟,会王母于瑶池。由此来看,彼时来源于西部的和田玉石通道,也开始通达起来了。有学者认为,商周时期是"和田玉的开发成长期",玉器进入了以和田玉为主题的时期❶。在玉饰的制作雕饰中,此时期服饰用玉多采用和田玉,但由于和田玉来源距离限制而极为珍惜玉料,甚至一些玉料的石性部分、皮壳都保留在玉器制作之中。

至春秋战国时期,玉器仍然基本以和田玉为尚,服饰玉器原料普遍以和田玉为材料,说明和田玉的输入规模比较稳定,渠道成熟。甚至出现了装饰玉器以白玉为贵的审美偏好,形成了后世所谓的玉器"崇白"的风气❷。而玉组佩的使用、形制逐渐变化,至"春秋晚期开始,组玉佩不再套于颈部,而是系在腰间的革带上"❸。这个时间,大概与中原诸侯的"胡服骑射"距离不远。

(三)秦汉的和田玉服饰及玉料来源

秦并六国,汉家一统,向西的"丝绸之路"逐渐完善。而"玉德"之说兴起,神仙信仰流行,和田玉成为理想化的玉之不二代表,也为汉王朝中央控制和唯一崇尚的玉料,其他玉料逐渐退出玉器使用需求。至汉武帝,中央对西域的管辖进一步加强,和田玉的来源稳定,成为玉料的主要来源,从方式看可能为出现大量的和田山料的开采❹。《史记》载:"汉使穷河源,河源出于田,其山多玉石。采来,天子案古图书,名河所出山,曰昆仑云。"玉

---

❶ 古方、李红娟:《古玉的玉料》,文物出版社,2009年2月,19页。
❷ 同❶,32页。
❸ 孙机:《华夏衣冠:中国古代服饰文化》,上海古籍出版社,2016年8月,16页。
❹ 同❶,37页。

器的制作，似乎极注重选择优质、白色，色泽纯净的玉料，所以所见秦汉玉饰多十分精美。而在装饰上，因为玉料精美可观，玉器表面的装饰，尤其是服饰用玉，其纹饰装饰比较简洁，与先秦之繁复几何纹遍身的玉器纹饰有极大的风格差异。秦汉神仙思想深厚，乃致对于玉器的升仙不朽功能多有幻想，配饰玉器表现和满足这种心理需要也逐渐明显，如汉代常见的玉质配饰中出现的司南、玉舞人，以及雕饰"长乐未央、宜子孙"之类文字的玉璧等。

《史记》卷六："秦以前，民皆以金玉为印，龙虎钮，唯其所好。秦以来，天子独以印称玺，又独以玉，群臣莫敢用。"秦汉玉器做配饰，有玉印，为系于绶之上的重要配饰。其起源，当然是职官的象征，但逐渐影响服装及配饰的方式、审美也是必然。与玉印类似，是玉具剑、玉带钩。从配饰上，战国之后，佩玉附于革带似逐渐成为习惯，这也与战国时代以来服装的变革密切相关。到东汉，《汉书》多有记录"莎车""于阗"等和田玉的出产情况。

汉代是我国将服饰用玉礼仪化、情感化、系统化的重要时期，可以说，汉代因为儒家思想的全貌政治化、道德化，"玉德"之说开始健全。如《后汉书·左周黄列传》："礼记曰：公侯佩山玄玉而朱组绶，大夫佩水苍玉而缁组绶。"《后汉书·党锢列传》："珪璋，玉也。半珪曰璋。谢承书曰：林宗叹儒有珪璋之质，终必为令德之士。诗曰：如珪如璋，令闻令望。"《后汉书·乌桓鲜卑列传》："古者君臣佩玉，尊卑有度；上有韨，贵贱有殊。佩，所以章德，服之衷也。"这种对于和田玉的使用意识形态化和理想化的解读，对于和田玉佩饰的审美文化心理影响深远。东汉许慎《说文解字》对"玉德"之说做了完整总结：玉，石之美者，有五德，润泽以温，仁之方也；鳃理自外，可以知中，义之方也；其声舒扬，专以远闻，智之方也；不挠而折，勇之方也；锐廉而不忮，洁之方也。

这是中国人民对于和田玉的审美总结和道德内化，也是对于和田玉自然质地的精确概括。世界上没有人比中国人更懂和田玉。

（四）魏晋南北朝：服饰变迁与玉饰形态

魏晋南北朝，中原和西域皆处于民族大动荡大融合时期，一则服装形制中的北朝元素逐步扩张，二则动荡时期对于玉器的使用和需求减少，玉器的开发和使用受到一定影响，考古所见南北朝时期的玉器数量相对较少，其独特的服饰玉器是"玉鲜卑头"。从名称和功能上皆可以明白它的来源与北朝民族服装的关系。但是，这一时期于阗的社会治理不断加强，丝绸之路上对来往行人检查成为于阗国管理的主要事务之一，商客须持"过所"方可通行，可见作为重要传输到内地的丝路商品的和田玉，其流动一定也严格受到政府的管理和控制。此时于阗社会崇尚佛教，当地人民服饰中甚至出现"以玉为印"的汉代习惯，❶可见和田与中原关系的密切。采玉为于阗重要收益，主要是通过贸易向中原输入玉料。但学者认为，尚无依据证明，于阗这一时期就有治玉业、玉雕业❷。

（五）传承发展：隋唐宋元明时期和田玉服饰的制度化和日常化、商品化

南北朝民族大融合之后，隋唐一统，"丝绸之路"进一步繁荣，于阗玉石的开发和输出中原的规模扩大。今所见出土隋唐用玉多为质量较好的白玉、青玉。自隋唐开始，服饰玉器中，玉带的制作开始变得重要，玉带的使用，也与佩服者的官职、地位对应起来。陕西何家村窖藏出土的唐代玉带，精美且多，可见玉带在唐代服饰玉器中的重要性。唐代玉带的刻纹，通常是减地浮雕，画面内容较为普遍的为创新出现的"胡人形象"，也有衣着似仙人、隐士之类的人物形象。这种画面，既提示了唐朝胡人遍布长安的特点，也反映出唐朝社会中胡人通常以伎乐、商业为职业的一般特征。玉带是中国传统的一种存在时期较长的服饰。目前考古表明，其自隋开始（扬州隋炀帝墓出土有玉带一副），至唐朝大为流行、贵重，宋辽金至明代皆成为重要的

---

❶ 李吟屏：《和田春秋》，新疆人民出版社，2006年6月，53页。

❷ 同❶，57页。

服饰样式。其流行时间长、影响大，逐渐成为一种新型的"制度化"服饰形式。

与玉带这种和田玉服饰的"制度化"相对应，随着唐宋以来的物质文化加快发展，玉器服用的世俗化、商品化逐渐盛行。由此，自唐以降，逐渐开启了玉饰服用的社会化、民间化的趋势。玉饰中的玉钗、玉梳背、玉簪、玉簪首、玉镯等逐渐丰富，成为贵族、仕女、富户等日常贵重服饰内容。宋辽金时代，男士首服还出现玉饰巾环。辽代因为掌握草原到西部广阔区域，似乎获得玉料较宋代容易，其从目前出土文物所见，以玉为饰至少在上层社会中成为普遍配饰习惯，串饰、单件玉饰较为常见。辽人由于生活习惯等影响，其对玉器的使用，生活化更为明显，单件配饰常见写实性动物形状，佛教题材的玉饰也十分常见，还出现了将白玉动物之类的雕饰缀于马背鞍鞯之上的现象。这种玉饰习惯一定程度上反映出辽朝对于和田玉使用的一般"珠宝化"特征，即使出现类似玉饰的组织配饰，也不是传统上的组玉佩，而只是一种玉饰的搭配装饰样式，与传统上中原将和田玉礼仪化、内在化、情感化的文化审美有一定的差别。

继辽之后，活跃在北方的金代玉饰的创造性形式，是"春水秋山"各种佩饰、纹样的出现。春水秋山玉器，多为和田玉雕饰，偶见玛瑙材料，反映了辽金人民的生活重点和乐趣所在。春水秋山纹样，因其题材自然活泼，造型生动优美，成为辽金以来和田玉雕饰经久不衰的经典题材，至明清复古玉饰，依旧大量存在。唐五代开始，玉器中的挂饰逐渐丰富，唐代以圆雕多见，以动物形态为重要题材，这也与其时人民崇尚骑射的生活相关。宋代拘于长城之南，崇尚诗书、文人治国的政治生态，使得玉饰的文人化、设计感增强，而玉佩流行片状雕饰。宋代女装的霞帔，常佩有玉坠，一般为心形，镂雕龙凤牡丹，增强其尊贵喜兴。此外，因时而异的玉饰，还包括元人帽顶常佩镂空雕刻春水秋山纹样的玉饰，以及明代一般文人帽前所谓"帽理"等。

此阶段玉饰的发展，既有因时而异的新样，也有大量的、一以贯之的传统样式，体现出传承基础上的创新的发展形态，使中国的玉饰艺术呈现一种整体性文化面貌。这种传承与创新的玉饰发展，至于明代为一个集大成时期。明初，以"驱除鞑虏、恢复中华"为号召，在服制上着力复古，崇尚唐宋，上溯秦汉。如《明史·舆服志》载"永乐三年定，冕冠以皂纱为之，上覆曰綖，桐板为质，衣之以绮，玄表朱里，前圆后方。以玉衡维冠，玉簪贯纽，纽与冠武足前体下曰武，缀在冠之下，亦曰武。并系缨处，皆饰以金。綖以左右垂黈纩充耳，用黄玉。系以玄纮，承以白玉瑱朱纮"。这种朝廷礼仪和崇尚，无疑促进了玉饰在社会各层面的广泛接受和使用。于是，明代时期服装所用玉饰的发展，更是丰富多彩。明代继承了隋唐以来的玉带制度，并且在玉带的纹饰上强化等级、尊贵，因此明代的玉带形制严明，以雕刻龙纹、折枝花纹为常，一般镂空雕饰，去除玉料杂质一丝不苟，以奢华显尊荣。明朝玉饰中还"恢复"古已有之而久远不存的"组佩"制度，这种玉饰组佩与周人制度当然差距很大，但其礼仪严肃性却不断强化。在玉器的使用场景中，明代对于宋辽金元各种玉饰形式，多继承发展，广泛使用于生活日常之中。

在这一时期，中原王朝贵重和田玉，国家政治层面使用成为常态资源，不仅促进了和田玉饰的广泛使用，玉饰的品种、雕刻、纹饰、题材也十分丰富。和田玉生产得到重视，和田玉的生产和运输情况的历史记载也比较完善。《大唐西域记》多记于阗等西域产玉与贡玉情况。五代十国时期的高居诲《行程记》，详记于阗玉河源昆仑，有白玉河、绿玉河、乌玉河。玉河水涨水退，（采玉则）"彼人谓之捞玉，其国之法，官未采玉，禁人辄玉河滨者。故其国中器用服饰，往往用玉"。《新五代史》则进一步说明，"每岁秋水涸，国王捞玉于河，然后国人得捞玉"。

元朝时期，政府于西域设置驿站，和田玉输入京师内地渠道极大通畅[1]。和田玉设有专门采玉人，在官吏监督下从事劳役。至1274年，忽必烈免除采玉人差役。于是民间采玉、玉石贸易输入内地交易的渠道逐渐多元起来。

---

[1] 古方，李红娟：《古玉的玉料》，文物出版社，2009年2月，50页。

明代记载，于阗采玉的方式有所不同。《明史·西域传》："国东有白玉河，西有绿玉河，又西有黑玉河，源皆出昆仑山。土人夜视月光盛处，入水采之，必得美玉。"可是明代于嘉峪关以西的于阗玉石生产运输，已经不再有直接的管辖，这种采玉的记载是否可信有待存疑。但这种记载所谓的采玉方法，清代文献也有采用此说者。

（六）清代和田玉的开采力度增大与和田玉服饰的日常化、世俗化

清代以北方少数民族占据天下，其服装、生活习性以政治手段强烈推广，影响中国服饰制度极为广泛，时达250多年。清代对于西域的管辖能力更为增强，和田玉输入京师和内地更加畅通，自乾隆开始，和田向中央贡玉成为常态化，"和阗良玉，岁有恒贡"❶，一般分春秋两季，定期源源不断进贡朝廷，贡玉成为制度。但是，随着国家的管理能力增强，西部贸易通道的顺畅完善，清代和田玉的私人运输、商业买卖开始成为普遍现象。从而在官方通道之外，以商业的途径、非法的民间玉石"私运贸易"，在清代成为值得重视的、满足民间和田玉需求的重要材料来源。正因为玉石通道的完善、采玉技术的提高，"玉石之路"上国家控制力量的增强，清代一些大的玉材的运输都可以实现，如故宫现存的乾隆皇帝亲自关注制作的"大禹治水"大山子，材料极大，依然可以顺利从和田输运到苏州，雕刻完成后又经运河运输到宫廷。

清代宫廷虽然多用和田玉，但在和田玉的服饰制作和使用上，却同样出现明显珠宝化的审美和文化倾向，和田玉饰成为日常衣服配饰，开始少见礼仪性文化和审美需求。清代玉饰仿古较为常见，但仿古为崇古而已，对于玉饰的文化构建则逐渐淡化。从玉饰使用而言，清朝出现较多的有和田玉扁方、玉簪、仿古玉佩、玉扳子、玉镯等，玉饰花纹上常见"寿""福"等吉祥文字或蝙蝠、龙凤纹样。传统清代玉饰与清代服装的审美和服装样式密切

---

❶ 李宏为：《乾隆与玉》，华文出版社，2013年4月，299页。

相关，可以说清廷并不将玉器配置作为朝廷服制的必要内容，以及统治阶层满人的衣着文化喜好和传统，这直接影响了清代服饰用玉的日常化、世俗化倾向。虽然说，中国人民对于和田玉的配饰习惯、审美情感、文化需求，在和田玉材在服饰上的使用，得到空前的广泛传播，数量也大。但也可能正因为传播广泛，不分贵贱皆用之的特点，清代玉饰的艺术水平也就参差不齐，纹样创新上的民俗化现象、审美倾向上的世俗化现象，就凸显出来。

二、历史上和田玉服饰的使用特点

和田玉自商代以来，逐渐成为服饰用玉崇尚的主要玉器，历史上和田玉的采集与管理、和田玉的贸易与经济，具有明显的向东、向中原内地和宫廷的贸易主体方向，因为中国人民最爱和田玉，也是唯一懂得和田玉优美的悠久文化。我们能在文化审美中体会"玉有五德"，也能够与时俱进创造玉饰的形式。中国历史上玉饰的发展，具有鲜明的特点。

（一）因时而异的美学风尚

中华民族对于和田玉服饰的使用，应该说具有固定不变的一面，那就是对于和田玉本身的优秀物理特性以及由此产生的心理美感，是中国人民长久不变的审美偏好。在历史长河中，服饰用玉的审美也同样因时而异、因时而变。变化的是和田玉服饰的形制与纹饰，体现的是一种适宜服装变革的玉饰发展实际。

（二）崇古创新的文化传承

传承创新、一以贯之的文化精神，是中华文化的基本特征，当然也是和田玉服饰的基本文化特质。中华文化源远流长，我们对于自身历史、文化的积淀，在心理上自有一份自豪和尊敬，在物质生活中就体现为崇尚、传承。每当遇到发展中的难题，甚至危亡之际，中华民族总能从历史积淀中找到绵长的力量，在文化记忆中找到复兴的方向。这种文化记忆，可以在服饰玉饰中体现为崇古的纹样、美好的图像、吉祥的寓意，也可以表达当下的新时尚新理想。与时俱进，立足当下的设计创新，同样是历史上和田玉服饰各个时期的基本面貌，是对不同时代、朝代的人民生活理想和审美文化的不朽记忆。

（三）以玉为饰的佩服传统

中国和田玉饰是世界服饰美学的经久不衰的美学奇葩，是东方审美、君子之教、温文尔雅的文化基因。无论是宋明以前的玉器贵族化，还是明清之后的逐渐日用化和世俗化，和田玉服饰都是一种广泛、经久不衰、特殊的德玉审美，也是富有德育特质的服饰应用，是传统服饰上的健康的意识形态。以玉为宝，以玉为尚，以玉为饰，是中国传统服饰最富有特色的内容。这种传统长久不衰，成为中华民族美学文化、服装美学区别于世界上其他民族、其他文明的重要特质。

（四）立意为先的创作审美

中国传统艺术在创作表达、审美文化上的一个重要特征，就是立意为先。而玉饰凡有立意，皆往往不凭空想，思想根基于传统，意境来源于传承。有图必有意，有意必吉祥。这种创作传统，在近代以来虽然开始受到西方现代美学思想的影响，出现一些西化标准的艺术取向。但立意为先的设计和创作，仍是中华美术的基本特征。因为有图必有意，图画和蕴意，皆为久久流传的文化基因，故而人人一望而知，心领神会。这种会心共识之处，凝聚着中华文化共同体意识。

（五）产销分离的生产特点

主要表现为原料的生产，与玉饰的加工和消费区域的分离。在历史上，因为和田相对于中央王朝而言地处偏远，不仅远离文化经济中心，交通运输也极为不便。和田玉的材料开采数量既小，运输到中原也极为不易。材料昂贵成为和田玉利用中的常态。长期以来，和田玉的服用主体为王朝权贵、士大夫和商贾大户，和田玉的生产制作也在长安（今西安）、洛阳、北京、东京（今开封）、苏州和扬州。即使到清代的世俗化发展时期，和田玉饰的主要消费和制作依然在中原地区。

三、当代和田玉服饰的生产创新

当前，和田与国内各地的交通运输的日益便利，商业贸易环境不断改善，援疆工作取得显著成效，和田地区的社会经济文化发展正在进入新的、更好的历史时期。在"双循环"发展战略背景下，和田应充分利用北京援疆的科技与文化优势，围绕服务玉饰文化在新时尚中的传承创新，立足资源效益优化和西部自然环境保护，积极开展和田玉饰的产业布局，促进人民就业增收、共同富裕。

（一）科技引领与生产的"在地化战略"

即发挥北京援疆引领和指导作用，加强和田玉饰生产战略规划。着力建设琢玉、创新、生产中心，建设引进和培养面向全国的玉饰（未必玉雕）设计、技术、营销人才中心。促进和田玉的在地化生产，促进和田成为新时代玉饰创新中心、生产中心，为和田人民就业和富裕提供新机遇。立足历史，又要跨越传统局限，努力促进和田不仅是珍贵的玉产地，也是玉加工中心，未来要成为玉饰的创新中心、市场中心、文化中心。也就是说，今日我们以中国式现代化、人与自然和谐发展理论为指导，进一步提高和田玉的开采、管理、雕饰、服用，促进和田玉饰创新发展，使其在服务和田人民的经济发展、在新时代中国服饰时尚中的应用和中华传统文化的传承创新中发挥应有作用。

（二）玉不琢不成器

著名学者殷晴在对于和田玉的研究中引述❶《新疆图志》"于阗之玉名天下，历史所称贡献之物，若圭、枕、珂、佩……皆穷极巧智，为世所称美。今采玉者，率抢璞贾之都下，无复追琢雕镂能制器者。古今人之不相及也久矣"。这种现象，同样可以为今日和田玉饰的创造创新工作提供参考。玉不琢，不成器。我国古已有之的尚玉、赏玉、用玉传统，就是以服务需要为基础的琢玉为器的文化。那种徒以玉材为购藏对象的市场，为资本对国家资源的占有而已，于人民美好生活何干？于文化创新创造和文明传承何益？对于宝贵的和田玉资源，我们要以保护中华传统文化资源的视野，从新时代中国式现代化指出的人与自然和谐发展、可持续发展的时代需要出发，一则加强资源的保护，二则加强和田玉的创新、设计、营销等现代化生产的规划和布局，促进和田玉在服务和田人民就业和共同富裕中发挥作用，促进和田在新时期中华服饰文化的伟大复兴中，构建新产能、发挥新作用。

（三）面向时尚，面向生活，面向世界

未来和田玉饰的生产组织，一是要在服饰传承创新中坚持中华传统文化的整体观念，强化中华服饰传统中的人文精神和文化特质。二是高度重视环境保护，注重规划，政策先行，有序引领。三是面向新时代，面向生活，面向世界，在中华文化伟大复兴的时代背景下，深化历史上和田玉在服装服饰的使用、变化与发展的研究，把握传承创新的时尚需求，形成丰富的时尚服饰文化，激发中国传统服饰文化记忆，彰显中国服饰的独特审美和人文精神，提高中华文化的时尚号召力、国际传播力。

---

❶ 殷晴：《丝绸之路经济史研究》，兰州大学出版社，2012年1月，257页。

和田玉首饰在设计中的时尚化探索

邹宁馨

本文探讨了和田玉首饰在设计中的时尚化探索，通过对和田玉文化脉络的梳理，重新认识和田玉当今的文化身份，寻找适用于当下和田玉产业时尚化的实践方法。结合当下和田玉行业的发展困境，归纳了若干现代和田玉首饰设计的倾向，即传统题材创新、趣味性、轻奢简雅三个方向下，助力和田玉行业时尚化设计。笔者也通过对行业的观察分析为今后和田玉行业发展和创新提供一些方向，设计上融入工艺、材料、色彩等现代文化元素在现代风潮下并行发展。未来，和田玉首饰的发展将更加多元化和交融，传递玉文化内涵与东方首饰美学。

一、引言

（一）和田玉的基本介绍

和田玉，英文名称为Nephrite。是一种由微晶集合体构成的单矿物岩，含极少的杂质矿物，主要成分为透闪石。著名产地是昆仑山，今新疆维吾尔自治区和田一带。在我国历史上使用的百余种玉石中，和田玉品质最为优越，堪称玉石之王。

和田玉的主要特征有以下几点：

（1）温润或油性，其他玉的这一特征都不能与新疆和田玉相比。

（2）按照国家标准可将和田玉分为六个大类：白玉、青白玉、青玉、碧玉、墨玉和糖玉。

（3）和田料分为子料、山流水、戈壁料、山料四种。

和田玉籽料产地分布：虽然和田玉因新疆和田而得名，但其并非完全特指新疆和田地区出产的玉料，和田玉本身已成为一类产品的名称。无论是产于我国新疆、青海、辽宁、贵州，还是俄罗斯、韩国、加拿大以及其他国家的软玉，只要在国标范围内，透闪石成分占98%以上的石头即可称为和田玉。

中国境内和田玉分布地区：

新疆：和田玉的主要产地是中国新疆，传统狭义范畴特指新疆和田地区出产的玉石，以和田"子料"为代表闻名于世。

青海：青海也是传统的和田玉产地之一，主要产地在青海省的格尔木地区。

其他国家和田玉分布地区：

俄罗斯：俄罗斯也是和田玉的主要产地之一，主要产地在巴尔喀什湖沿岸和萨彦岭等地区，称为"俄料"。

韩国：产地在韩国的江原道地区，称为"韩料"。

加拿大：产地在加拿大的温哥华地区。

（二）和田玉的历史文脉

玉，是华夏文明最早的见证。和田玉自古以来就以其独特的文化内涵和艺术价值而备受文人墨客推崇，我国也是世界历史上唯一将玉与人性化相共融的国家。在中国，和田玉为古人发现、利用的历史达五千多年，悠久的历史和深厚的底蕴使和田玉成为我国玉文化发展的主体内容，更是中华民族文化的珍贵遗产和艺术瑰宝。

1.中国玉文化的源头

中国是使用玉器时间最长的"玉石之国"。经考证，在我国，玉器出现的时间早于陶器，先人使用玉器是在距今约八千年开始的，之后逐渐兴盛，并形成了人类历史上的玉器时代。中国早期玉文化的萌芽源于古人对自然宇宙认知和沟通的渴望。大约在九千年前的旧石器时期，人们在对石头材料的简单加工中发现了美玉，经过打磨等琢制工序，玉被加工成各式各样的造型，成为承载人类与天地神灵沟通的物质符号，具有早期宗教色彩。

2.中国玉的时代演变

自古以来，玉就是权势、地位、身份的象征，更是美丽的象征。和田玉在历史发展中起到了重要的作用，和田玉的道德内涵在西周初年就已产生。从那时起，人们就发展出了一整套用玉的"道德观"。孔子创立儒家学说之后，更将其理念化、系统化。儒家的用玉观深深根植于人们的头脑中，为封建社会建立了一套礼仪观念，君子温润如玉的人格标准及以玉比德的观念在春秋孔子生活的年代被社会各个阶层广泛认知，它奠定了延续至今的中国玉文化的核心内涵。而以玉喻美、以玉寓神、以玉载礼、以玉比德，正是中国玉文化中所体现的历史底蕴。

（三）和田玉的文化内涵

1. 中国玉文化是中国独有的、世界最古老的和谐文化

玉以其温，润、谦、和、承载了做人的基本原则。中国人喜欢中庸、不张扬、做事低调，和田玉符合中国人自身的性格。自古就有"古之君子必佩玉""君子无故，玉不去身"之说。在民间，和田玉有避邪消灾、富贵吉祥、保佑平安、延年益寿之传统内涵，更是道德、神灵、权力、财富、身份、地位等至高无上的象征意义，家族长辈以玉为传承，作为赠予下一代子孙的吉物。

2. 和田玉自身的文化属性

一方面，在古代和田玉被认为具有神奇的力量，可护佑平安，因此用于制作各种神物与祭祀品。帝王文化中也将和田玉视为珍贵的收藏品，体现了和田玉的神物地位。另一方面，古人还将和田玉视为美德的象征，赋予其忠诚、诚实、谦虚、忍耐等高尚品质。同时，古人通过观察和田玉的纹理、颜色、透明度等方面的特质，来思考人生的意义、宇宙的奥秘等哲学问题，体现了和田玉在古代中国作为哲学思考象征的文化内涵。

从古至今，和田玉被用来制作各种艺术品，如玉器、宝石、器具等，造就了璀璨的文化遗产，在早前的历史中就实现了审美与实用性的统一，成为中华民族传统文化的重要组成部分。

（四）和田玉的哲学思想

和田玉的质地、纹理和颜色等方面强调融会贯通的简约和神韵，体现在中国"大道至简"的哲学中，传达出一种简单、真实和精致的理念。和田玉

独特的美感和价值，通过自然属性与人类文化的结合创作，传达出先人对自然环境的尊重，以及和谐共处的理念。

在中国传统文化中，和田玉被赋予高尚的道德品质。佩戴和田玉不仅用于装饰自身，还用于提升个人道德修养和精神境界，体现道德与美感的统一。此外，和田玉首饰的工艺和创作中还蕴含着中国传统哲学中的辩证思维、阴阳平衡、天人合一及五行等思想，从中反映出中国人对自然、社会、道德等方面的理解和追求。

（五）和田玉首饰的市场情况

1.传统玉文化观念根深蒂固

中国传统玉文化对和田玉首饰的设计和创新具有两面性的影响。在积极方面，传统玉文化使和田玉首饰拥有深厚的文化内涵和独特的美感。其中的吉祥图案及宗教人物等丰富多样的创作题材等，都是中国传统文化的瑰宝，也是和田玉首饰创作的重要组成部分，在延续中传承和弘扬中华传统文化方面具有很高的艺术价值。

在消极方面，因传统玉文化的深远影响，束缚和限制了现代和田玉首饰设计的创新和发展。大众对和田玉首饰的理解根深蒂固，设计师和生产者被传统的思维框架所圈套，难以实现自我突破。因无法适应快速发展的社会审美需求，导致在设计上缺乏新颖性和创新性，和田玉首饰发展停滞缓慢，面貌古旧。

2.和田玉消费与大众市场脱节

和田玉在历史上经常被上层阶级用作象征权力和地位的装饰品，具有上层阶级文化属性。在中国封建社会时期，上乘的和田玉首饰、玉器专为供给皇家宫廷，到了近代之后，因对上乘材料管控严格，导致和田玉首饰、玉器等在大众市场上的认知普及程度相对于黄金较低。当下，上乘的和田玉更多作为玉雕玉石或大型摆件收藏被束之高阁。而品质、工艺俱佳的和田玉首饰价格也普遍较高，因此脱离了大众群体的消费水平，成为少数人标榜品质生活、彰显个人品位的奢侈品。

3.和田玉首饰市场价格乱象

高利益、高价格下的和田玉销售市场鱼龙混杂，部分商家利用和田玉自身昂贵、稀有和神秘的属性，为了高额利益以次充好，普通百姓缺乏对和田玉的实际了解和鉴别能力，容易被骗，导致消费者对和田玉的消费信任度降低，市场的购买需求受到压抑。

二、和田玉饰品内涵的古今变化

（一）古代和田玉装饰品

最早和田玉是用于皇室贵族、祭祀、器皿，再到民间富裕阶层收藏的兴起和后来普遍用于配饰，古代和田玉装饰品有了多种类型和样式。玉玦是耳饰类玉器的代表，通常器形和玉璧相似，为环形形状，有一缺口，古代主要是用作耳饰和佩饰，常用以赠人表示决绝（图1）。头饰类主要为簪，用玉做成的簪子，也称"玉搔头"（图2）。

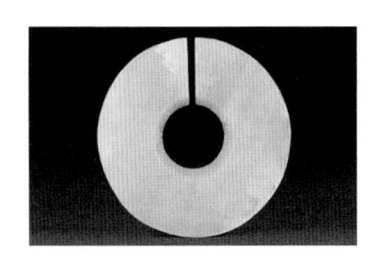

图1　和田玉玉玦 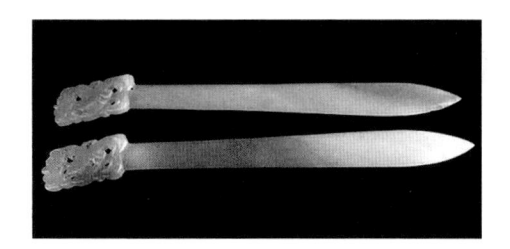　　　图2　和田玉玉簪

颈饰类主要有项链、挂件等，其中最常见的是挂饰，使用和田玉制作的玉牌、随形小件，如玉组佩、玉佩（图3、图4）等。其次是项链，由圆珠或管状玉石串在一起，两端连接打结，长度较短，仅够在脖子上绕一

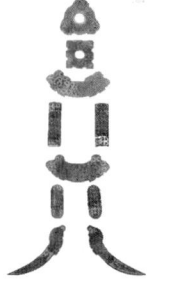

图3　和田玉青白雕云雷纹玉组佩 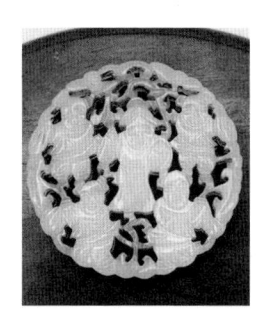　　图4　和田玉白玉五子登科玉佩

圈。玉带钩也是腰饰的一种，以带钩连接的腰带，是古代中国的特有发明之一，也是中国传统服饰中历史最长、持续最久的腰带样式之一（图5）。

图5　和田玉白玉凤首带钩

手饰类常见的玉器如玉镯、玉扳指、玉手串、玉戒等（图6、图7）。还有一些玉兽面作为皇室贵族的装饰物出现在项饰和腕饰上，大多制作精美，具有很高的艺术价值和历史价值。

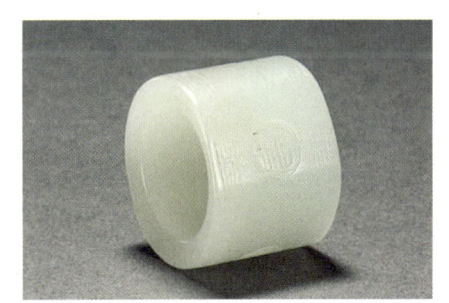

图6　和田玉玉镯　　　　　　　图7　和田玉玉扳指

（二）近代和田玉雕刻的文化脉络

清代，和田玉的开采、制作和使用达到了历史上的高峰，宫廷开设专门的玉器造办处，负责督办玉料和制作玉器。其在材质的选择、设计、加工、生产规模以及玉器数量、品种和纹饰等方面都更为广泛。乾隆时期的玉雕创作开始融合外来文化元素，形成了中西结合的风格。在玉器上雕刻有西方文化的元素，如天使等，使玉雕作品具有更多观赏性。

民国时期，东西方文化在和田玉的雕刻题材中进一步交融。随着商品经济贸易的发展，玉雕的品种、造型和工艺不断发展和变化。过去的宫廷艺术逐渐转变为世俗化的商品，这使得玉雕更加普及化，促进了玉雕产业的繁荣。

在改革开放前，由于政治、经济等多种原因，和田玉的雕刻变得简单、实用，除了传统题材供出口创汇，还出现了一些具有政治色彩的雕刻题材。

改革开放后至今，和田玉的雕刻技艺得到了更加广泛的应用和发展，出现了一批具有代表性的玉雕大师和优秀的玉雕作品。

现代玉雕在继承和借鉴古代玉雕技术的同时，也与时俱进地顺应时代的发展与需求，表现出其多样性与复杂性，也有一些在造型上更贴近生活，富有生活气息（图8）。

图8 胸针"他山之石"

（三）现代和田玉首饰时尚化发展

1. 时尚化概念

时尚化是指将产品或品牌与时尚元素相结合，以符合时下的潮流和消费者的审美需求，并为大多数所仿效的行为模式，其中包括产品设计、包装、营销等环节。

2. 和田玉首饰时尚化现状

现代和田玉首饰的设计风格在很大程度上受到传统文化和现代审美观念的影响，时尚化进程基本遵循历史形成的两种发展方式。一是定制化，服务特定阶级人群。古代和田玉被视为高贵的象征，成为时尚化的标志之一。定制化主要由专业工匠根据佩戴者的个性需求和品位来制作。因为和田玉的稀有和制作复杂性，使这种定制化服务常面向特定阶级人群，如皇室、贵族或富商，这种方式在中国社会中曾占据主导地位。二是和田玉首饰进入大众市场后（基本在民国以后），开始服务普通大众的时尚化情感需求。和田玉首饰的制作和销售开始面向更广泛的消费者群体，其中包括中产阶级和收藏家等，款式和制作工艺也跟随市场消费人群以及时代发生相应的转变。至此，大众市场的和田玉首饰出现更多时尚化的选择，制作工艺更为集约化，价格也比较亲民。

在当下，定制化服务和服务大众市场两种业态并行不悖。一方面，高端奢华的定制化服务延续，成为和田玉首饰市场的重要组成部分。另一方面，越来越多的普通消费者也可以接触到大量的和田玉首饰。随着互联网的发展，线上销售平台提供了更多的消费渠道，为和田玉首饰的发展注入了新的活力。

（四）现代和田玉首饰时尚化发展困境

1. 固化印象

大众对和田玉的印象历来是物件做得庞大，好的玉料昂贵稀少，雕刻做工十分精致，是上层社会所喜爱的玩物。大众能接触到的多是陈设于博物馆展馆内的展藏重器，远隔玻璃柜让展品先与人保持距离，再围观评赏，这种现象与和田玉从历史中遗留下来的文化基因相关。我们常说，当代设计不应是建立在服务少数人之上的，设计应是大众化的。然而，和田玉在历史文化的影响下，它或多或少变成了一个高高在上的东西，在普通人的认知里，和田玉是一个需要敬而远之之物。这样的认知与我们为人民创造美好生活、发展大众文化趋势是相悖的。

2. 设计窠臼

一方面，在本土化创新中，市场中的产品往往过于强调传统的纹样和造型，使设计风格显得保守和陈旧。和田玉首饰的样貌反映出本土创新探索不足、现代感不足、题材老旧、设计思路僵化等问题。制成品带有落后于时代的"土气"。究其原因，还是设计师缺乏对玉文化的深入挖掘与了解，缺乏对工艺技术的创新实践，往往只是在传统形式上做一些简化和修改，而没有真正通过设计和工艺的融合应用表达和田玉文化中东方设计哲学的差异。

另一方面，现代西方设计的兴起对我国设计行业有着巨大的影响，许多新生代留学归国设计师未有足够的中国文化积累和相应的民族文化自信，在设计和创作中一味外求，引进西方时尚风潮，而忽视了两者之间文化土壤不相容的问题。这种形式上的"嫁接"，使西方文化是否能在中国落地，是否能够受到大众的喜爱和接受？设计师的创新方式如果仅是通过借鉴学习外来文化一味模仿，而没有真正深入探究在中国的在地文化诉求是什么、中国人自身的文化特性是什么，结果只会不尽如人意，不能结合本土生长的设计不能叫作时尚。

我们要知道，首饰造物在东西方文化之间存在着根本差异。通俗来说，首饰设计可以是热烈和含蓄的差别、理性和感性的差别，前者符合西方的哲学逻辑，后者则回归东方的美学诉求。东西方文化有着别样的美学理解，西方的仪式感相对于东方的闲寂，这是两个不同的概念，同时也是两种不同的生活态度。举例来说，中国人的造物思想是"中庸"的，是需要有空间上的"留白"的，这能够使人感到舒适且通透，这也是中国人在历史环境下养成的一种心理需求（图9）。西方人则偏爱热烈，我们从西方的作品中看到他们的工艺是镶嵌得非常密集和紧凑的（图10）。

总结以上存在的两种设计窠臼，在此反思，我们为什么在中国本土没有找到有效路径而去盲目地学习西方？笔者认为是人们对和田玉当代性的研究不足，没有了解和田玉可以怎样呈现人们对时尚的诉求，没有针对和田玉行业提出应如何走现代发展道路的相应理论。同时，许多新生代设计从业者对中国特色未形成确切定位，以致在寻求改变时直接将国外的理论概念和创作方式拿来使用。

图9 TTF高级珠宝经典作品"玉兰花开"

综上，当下所研究的课题重点便是在和田玉首饰中，如何尝试以和田玉为东方文化代表，创造具有现代感的时尚风貌。

图10 卡地亚（Cartier）MAGICIEN系列胸针

3. 年轻人消费观

当代年轻人的消费观更加注重个性化和时尚感，作为时尚行业主流消费人群愿为自己的喜好和价值观买单，但同样在意产品的实用性和性价比。当下，和田玉市场产品与现代审美流行相悖，导致设计题材、产品造型老旧，已不符合时尚趋势下人们对于当下产品丰富度的追求。其自身客户受众更多集中在中老年人群，受众群体狭窄，也是行业自身的局限性之一。如何将传统与现代相结合，满足年轻消费市场的需求，是当下一个不小的挑战。

4. 市场困境

客观来说，首先，和田玉原料稀缺，好料价格高，限制了其市场推广和时尚化发展。其次，传统和田玉首饰的工艺复杂、制作周期长、成本高，这也使得其价格较高，大众难以接受，大众市场流通少。最后，和田玉首饰市场上的产品质量参差不齐，行业内常年缺乏统一的标准和规范，给消费者带来了一定的购买风险。以上原因都一定程度地影响了和田玉市场的发展。

三、和田玉首饰时尚化探索

（一）行业极化现象

这里所讲的极化，是指和田玉加工制作中单一思想、单一工艺、单一材料的现象，这是一种落后的表现。拿北京举例，北京是中国传统工艺、文化传承的代表性城市之一，依然延续着传统工艺厂的制作方法，存在业内认为"燕京八绝"的工艺地位不可被颠覆的极化思想。在京的工艺大师、技艺传承人们只钻研自己擅长的工艺领域，坚持传统，若不能接受其他技艺的融入，则会造成作品工艺形制单一。笔墨需随时代，泥古的从业者，在思想上却未能随现代化世界的发展进步，只达到工艺上的卓越精湛就能立足于消费市场的年代早已远去。现在创作一件和田玉首饰，在其中仅能看到遵循以往的历史传承，而无当代风尚时，这样的产品是没有进步的，也注定会被今日市场所淘汰。此外，业内现存的"门派之争"，也形成了不利于行业文化和工艺发展的负面能量。

生逢其时，作为时代从业者，我们应努力推动时代背景下的和田玉首饰和雕刻行业的发展。假若再过几代人，回望过去，我们这一代在历史中可以留下的是什么？能被历史看到的依然还是清宫造办处的"遗产"吗？在当代社会发展下，和田玉首饰时尚化出路又在哪里？

（二）和田玉首饰时尚化探索

基于以上思考，笔者在对和田玉首饰的时尚化探索中，对和田玉的出路总结了以下思考。

1. 传统题材创新

通过对和田玉首饰市场的考察可知，现代和田玉首饰设计大部分还是延续了以往传统创作题材。现在市面上和田玉配饰中常见元素有：

（1）人物类：观音、佛、罗汉、童子等。

（2）动物瑞兽类：貔貅、蝙蝠、锦鲤、蝉、醒狮、生肖等。

（3）开运器物类：如意、长命锁、转运珠、钱袋、无事牌、平安扣等。

（4）植物花卉类：葫芦、荷花、桃花、牡丹、竹节、花生等。

（5）组合件类：由多种不同元素组成的和田玉首饰，包含人物与动物、人物与植物、动物与植物等。

以上题材分别代表了富贵吉祥、祝福、平安、高升等不同的文化和寓意（图11），也基本涵盖了和田玉首饰市场大部分设计样式，但基本上只是做了对题材纹样及样式的更新，工艺及其他与以前相比没有太多创新，如果有设计的话还是在吃"老本"。

在新的时代背景下，和田玉首饰创新要以适应当代审美和大众情感需求的设计理念进行创作。

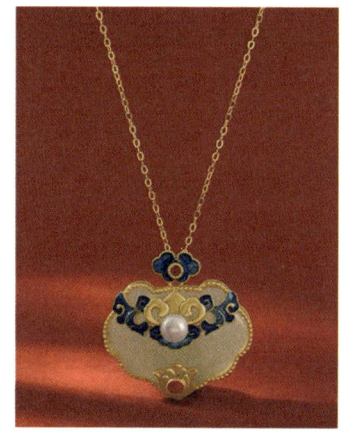

图11　当下市场上的"国潮"首饰

一是当代和田玉首饰的设计中，当代创作题材非常丰富，不能只认于传统，我们围绕现代化发展，可以从多个领域和角度寻找灵感。例如，科技与未来的主题一直是设计中的热门话题，利用抽象的几何与线性设计，可以增加和田玉的首饰时尚感。现代城市的生活元素也可以作为和田玉首饰的题材，精彩的搭配表现城市的繁华和生活的节奏韵律。抽象的人物或者动物形象极具艺术性，能够引人深思。将日常生活中的一些元素融入设计，可以给人亲切、温馨的感觉。此外，自然景观及动植物也是永恒的创作灵感来源。

二是要求我们不能只拘泥于对和田玉设计外观上的样式改变，还应注重手工感的融入。新工艺要应用于现代和田玉首饰的制造中，用新题材来满足现代的审美需要，用新技术来满足创新实践的需要（图12、图13）。

图12　Master Ma雕刻艺术珠宝创始人马瑞设计作品（1）

图13　Master Ma雕刻艺术珠宝创始人马瑞设计作品（2）

需要注意的是，设计师在创作时要上手对工艺进行学习实践，做到对技术的足够了解，只有这样我们才能与材料更紧密地结合在一起，实现手脑配合，体会动作的精进、体会材料的变化，从而启发大脑去进行更大范围的思考，创作的灵感才能源源不断地更新。我们通过掌握材料与工具之间的规律以及其中一些潜在的形式美感，再创新就能得心应手。像花丝、雕刻、镶嵌等都是在和田玉传统题材创作中经常会使用的工艺，其精细化程度和手工感都是现代设计中计算机建模无法达到的。根据不同题材使用不同的工艺和材质，这样的产品才能更符合现代人的审美和喜好，不可以让设计与工艺之间出现生搬硬套、设计与实物不符的情况。

2. 趣味性设计

消费者通过佩戴首饰来传达自己的情感、个性及价值观，而首饰中的趣味性设计便成为展现个人品位和价值观的重要载体。在珠宝首饰行业中，趣味性设计无论从主客观的角度，都已占有越来越重要的分量，如果说现代的和将来的首饰设计要以趣味性的表现作为主攻方向，应言不为过。

笔者认为，现代和田玉首饰的设计应逐渐向卡通、简约、抽象的趣味性方向发展。面向大众的消费市场无须太多庄重、华贵、奢侈的设计，核心就是要把快乐和娱乐传递给大众。通过视觉、触觉、听觉甚至是嗅觉，体验和田玉首饰设计中巧妙、单纯的趣味性，把对物质的追求提升到对精神领域的追求，进而增加和田玉丰富的情感表达。人们应更多地对其造型和内生因素产生趣味性并投以关注，而不再因受到和田玉材质贵重的刻板印象影响，小心呵护、避免触碰等心理暗示，造成对和田玉材质的疏远。人们与和田玉材质之间有了更亲密的接触后，才可以做到让佩戴者的身心放松、自然地去接纳和田玉首饰，从而获得愉悦，给人以对幸福、美好、爱情、愿望的憧憬和期待。

在设计中，除了对造型现代感的把握外，一是注重利用和田玉自身的颜色变化，将它们独有的色彩和纹路特征在设计中发挥出来。二是在软材料和硬材料的交叉融合设计中，可以为作品带来材料上色彩精致的阶梯变化和材料之间的撞色落差。这样的差异变化是现代首饰设计所常用的，能够产生视觉冲击力的技法，用在这里可以放大和田玉本身的材料趣味性（图14、图15）。

图14　TTF高级珠宝经典作品"风雨燕归来"

图15　Master Ma 马瑞设计作品"安吉拉的世界"系列首饰

3. 轻奢简素

轻奢简素是近年来珠宝市场的重要流行风尚之一,它将和田玉首饰本身的自然美、材料美、精致美极致地表现出来,营造清新、淡雅的氛围。这里的轻奢简素是相对于传统和田玉雕首饰的繁复造型而言的,现代都市人的生活节奏很快,审美取向基本上是去繁就简,有重归素朴、重归自然的深层诉求。简单立体的造型趋向、外在流畅的明晰线条代表了现代人对首饰的情感表达,内化又承载着现代社会对于传统文化的回归和创新的探索。

这种明快、大方的轻奢极简风格,与和田玉搭配,往往能够凸显佩戴者的气质和品位,彰显简洁、自信的时代气息,满足消费者对于简约优雅、舒适低调且又不会过于张扬的需求(图16)。

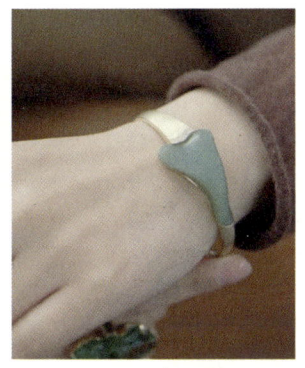

图16　轻奢简雅玉石首饰

笔者以为,和田玉首饰的时尚化创新可以从"软材料"方面探讨。软材料指的是首饰中金属材料等,意为可塑的。硬材料即指一切宝石,其中包括国人喜闻乐见的和田玉、翡翠等。这里的意思是指拿到硬材料后在不做改变的情况下与软材料交叉融合使用，完成和田玉首饰的增材设计。

传统工艺美术中的珠宝首饰传承了"软"和"硬"两大材料概念，它们在无意中分开得比较明显，软材料在施工的时候可以同时运用"减法"和"加法"，硬材料则仅可以用减法，这是问题的关键，而这就发展出了工艺无限单一（极化）的雕刻形式——玉雕，最有代表性的就是和田玉雕和翡翠雕件。若仅单一运用软材料加工就是无限延伸的花丝工艺，把一切旧式首饰工艺都概括为"花丝镶嵌"，这是谬误。花丝和玉雕这两种形式在今天的中国仍占主流，但从科学和艺术哲学上来理解，单一就是相对落后的形式，我们必须尽力去改变工艺单一的现状。

今天所有的科学和技术发展都是趋向综合的，或者说是互相跨界的、融合的，这就是我们所说的进步，艺术和设计表达也不例外。在珠宝首饰的领域就是软、硬材料的融合，即金属和宝石的融合。

四、和田玉首饰时尚化设计实践方法

当今的珠宝首饰设计呈现出多样化和多元化的特点，除了具有传统意义上的价值取向外，作为和服装一起与人最贴近的物件，首饰承载了人们更高的情感价值、个性化意义和独立的艺术韵味。首饰设计已成为颇具影响力的时尚和创新内容。不同的地域、民族和历史文化对首饰设计产生了深远的影响，首饰设计也具有了更广泛的文化背景，融汇不同地域间的文化，从文化背景中汲取灵感，并融入其中，和田玉首饰将会更具多元性和特色。以下介绍七种实践方法。

（一）抽象表现方法

近年来所流行的具有"现代感"的首饰，以抽象来表现的作品有很多，抽象加构成是训练设计的极好方法。作为现代首饰设计师，我们可以学习以抽象的眼光来看待和理解我们身边的事物。在抽象表现方法中，设计师通常会将具体的事物进行简化、变形和抽象化处理，提取其中的基本元素和形态特征，并以简洁、明了的方式呈现设计的创意和美感。也可以将和田玉雕刻进行抽象化处理，与其他材料结合，以加强和田玉的现代感和时尚化。这种表现方法可以让设计师在和田玉等较为贵重的材料中，在有限的空间内表达出无限的创意和美感（图17）。

图17　抽象设计首饰

（二）极简主义的运用

"少即多"的极简主义是一股极具代表性的后现代主义风潮，影响着现代珠宝首饰的创新面貌。极简首饰设计打动人的手段是：材质运用得出人意料、色彩组合得出人意料、形态构成得出人意料。在其中，选用高品质、珍贵的材料，如黄金、白金、玉石、钻石等并与和田玉配合，以凸显材料的贵重。同时，结合运用不寻常的材料，如木材、玻璃、陶瓷等综合材料，创造出独特的视觉落差。在极简风格的应用中，通过增强色彩的协调与对比，可以创造出简明、优雅的视觉效果，一些设计师也会在首饰设计中使用鲜艳的色彩，以增加作品的视觉冲击力（图18）。

用简单的形状、线条和形态可创造出简洁而有力的作品，侧重于表达简约、纯净和几何美感的设计理念。这种设计手法同样可以用于和田玉首饰设计中以产生现代感。

图18　极简主义首饰（墨玉和白金）

（三）雕塑与建筑构成

雕塑与建筑都是典型的有体量的空间构成，也是现代珠宝设计最有借鉴意义的介质。"首饰是从雕塑中分离出来的一种形式"，是"身体的雕塑""佩戴的雕塑""缩小的雕塑"。强调和田玉设计从雕塑入手，有利于拓展设计空间构思（图19）。

同样，建筑也是一种具有体量的空间构成，其设计理念和技巧也可以为珠宝设计提供一些借鉴。例如，建筑的设计可以为和田玉设计提供一种宏观的视角和思路，帮助设计师更好地把握设计的整体感。另外，建筑的体量感、秩序、叠加构造和丰富的材料运用也可以为和田玉首饰设计提供一些新的灵感和技法（图20）。

图19　雕塑风格首饰

图20　建筑艺术首饰

（四）装置艺术

装置艺术强调一种自由、开放和多元的艺术形式。它的奥秘在于，首饰设计师关注的已不是他要集合的黄金、宝石或其他材质的本身价值，而是它们与普通材料的组合关系。带有装置艺术情趣的珠宝设计有些是很具象、很卡通的，并且十分贴近人的生活。通过将各种不同的元素、材料和形态组合在一起创造出一种独特的视觉效果，是趣味首饰的一个组成部分（图21）。

图21　装置艺术首饰

（五）Wabi-sabi 的魅力

Wabi-sabi 即"侘寂美"。它追求使用自然素材，注重表现材料的自然纹理和质地，以及空间的留白和简约。Wabi 表现了一种空落、孤寂、枯淡的美学，追求自然、反映自然、素朴不矫饰的风情和意境。而 Sabi 指的是一种古雅、自然、不矫揉造作的美感，鼓励我们在生活中善对身边不完美的环境和破碎残缺之物，饱含东方独特的设计哲思（图22）。

（六）新古典主义的再创

新古典主义的概念定义为，在继承传统美学的规范下，运用现代的材质及工艺演绎传统文化中的经典精髓，追求更加简洁、更精细的材质质感。在新古典主义的设计中，这些设计不仅展现出传统文化的经典精髓，同时也体现了现代感和时代精神（图23）。当下，设计师首先需要了解和田玉中的哪些是可以借鉴的"古典"，同时心里要清楚现代化的设计理念，再交互融合。有现代概念的造型，又能看到传统韵味的珠宝是目前最有商业价值的设计。对于设计师来说，了解新古典主义可以更好地掌握传统美学的规范和现代材质及工艺的运用，保持对现代化理念的关注和了解，将这种理念融入自己的设计中，能创造更加具有时代感和现代感的和田玉作品。

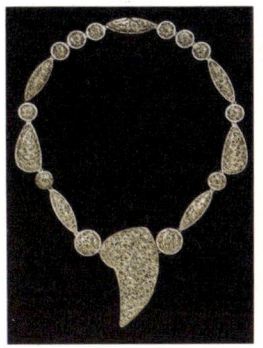

图22　侘寂风格首饰　　　　　图23　新古典艺术珠宝首饰

（七）古法金与和田玉的结合创作

古法金与和田玉的结合创作，是当下中国首饰市场语境下的迭代更新，符合中国人对古典工艺的审美要求。古法金更注重题材创新与手工感回归，打破以往打金的旧面貌，两者的结合在当前市场中碰撞出了一定的火花。自古以来，金和玉在中国文化中就有着极其重要的地位，两者都带有富贵和吉祥的寓意。这种美学的完美融合，使古法金与和田玉的结合既具有观赏价值，同时也具有深厚的文化内涵。古法金工艺历史悠久，注重金属的锻打和镶嵌，而和田玉注重打磨和雕刻，与以上所提出的具有现代感的设计方法结合，使得首饰既有古朴的质感，又有现代的精致。这种工艺上的完美结合，体现了中国和田玉首饰制作工艺的高超水平及材料之间奇遇的火花（图24）。

图24 市场中的古法金与和田玉首饰

金和玉都具有永恒、保值的特性，二者结合不仅具有观赏价值，还有很高的收藏价值，符合中国人对物质所含有的情感价值需求。金和玉的结合，是"和""合"互通，是"相异相补，相反相成，协调统一，和谐共进"，寓意着和合共生的当代创作思想。

五、结论

珠宝首饰佩戴在人的身体上是人和首饰的一个交流互动的过程，它不断地传达着个性的信息和精致的内涵。在探索和田玉首饰时尚化设计的过程中，我们挖掘和田玉的独特性质、历史背景和美学价值。在现代设计理念与工艺创新实践的交互探索下，了解东西方造物的文化差异，寻找文化沉淀与现代时尚的交织地带。如今，我们预见和田玉首饰时尚化设计的趋势，它不再只是重复传统，它的创新和突破使首饰更具时尚感和现代感，满足消费者对和田玉首饰设计的个性化需求，更好地传承中国的文化精髓。和田玉首饰在未来将继续拓展和演变，既有东方韵味，又不失现代风格。